QUESTIONS NATURELLES

Traduction : J. BAILLARD

Table des matières

Présentation

Questions naturelles est un traité « scientifique » composé de sept livres, dans lequel Sénèque émet un certain nombre d'idées ayant trait, notamment, à la nature et à ses lois.

Livre I – Étude de Dieu et de la nature, la plus grande de toutes. Météores ignés. Arc-en-ciel. Miroirs. Verges. Parhélies.

Préface.

Autant il y a de distance, vertueux Lucilius, entre la philosophie et les autres sciences, autant j'en trouve, dans la philosophie même, entre la partie qui s'occupe de l'homme et celle qui a les dieux pour objet. Celle-ci plus relevée, plus aventureuse, s'est permis davantage : les yeux du corps n'ont pu lui suffire ; elle a pressenti quelque chose de plus grand et de plus beau, placé par la nature au-delà de nos regards. En un mot, il y a de l'une à l'autre philosophie tout l'intervalle de Dieu à l'homme. La première enseigne ce qu'il faut faire ici-bas ; la seconde, ce qui se fait dans le ciel. L'une dissipe nos erreurs, et nous présente le flambeau qui éclaire les voies trompeuses de la vie ; l'autre plane fort au-dessus du brouillard épais où s'agitent les hommes et les arrache aux ténèbres pour les conduire à la source de la lumière. Oui, je rends surtout grâce à la nature, lorsque, non content de ce qu'elle montre à tous, je pénètre dans ses plus secrets mystères ; lorsque je m'enquiers de quels éléments l'univers se compose ; quel en est l'architecte ou le conservateur ; ce que c'est que Dieu ; s'il est absorbé dans sa propre contemplation, ou s'il abaisse parfois sur nous ses regards ; si tous les jours il crée ou s'il n'a créé qu'une fois ; s'il fait partie du monde, ou s'il est le monde même ; si aujourd'hui encore il peut rendre de nouveaux décrets et modifier les lois du destin, ou si ce ne serait pas descendre de sa majesté et s'avouer faillible que d'avoir à retoucher son œuvre. Il doit en effet aimer toujours les mêmes choses, celui qui ne saurait aimer que les choses parfaites ; non qu'il soit pour cela moins libre ni moins puissant ; car il est lui-même sa nécessité [1513] . Si l'accès de ces mystères m'était interdit, aurait-ce été la peine de naître ? Pourquoi alors me féliciterais-je de compter parmi les vivants ? Pour n'être qu'un filtre à passer des aliments et des boissons [1514] , pour étayer ce corps maladif et inconsistant qui périt, si je cesse de le remplir ; faut-il vivre en garde-malade, et craindre la mort, pour laquelle nous naissons tous ? Ôtez-moi l'inestimable jouissance de ces études, l'existence vaut-elle tant de sueurs, tant d'agitations ? Oh ! que l'homme est petit, s'il ne s'élève pas au-dessus des choses humaines [1515] ! Tout le temps qu'il lutte contre ses passions, que fait-il de si admirable ? sa victoire même, s'il l'obtient, a-t-elle rien de surnaturel ? A-t-il le droit de s'admirer lui-même, parce qu'il ne ressemble pas aux plus dépravés ? Je ne vois pas qu'on doive s'applaudir d'être le plus valide d'une infirmerie. Il y a loin d'une certaine force à la santé parfaite. Tu t'es soustrait aux faiblesses de l'âme ; ton front ne sait point mentir ; la volonté d'autrui ne te fait ni composer ton langage, ni déguiser tes sentiments ; tu fuis l'avarice, qui ravit tout aux autres pour tout se refuser ; la débauche, qui prodigue honteusement l'argent qu'elle regagnera par des voies plus honteuses ; l'ambition, qui ne mène aux dignités que par d'indignes bassesses. Et jusqu'ici tu n'as rien fait : sauvé de tant d'écueils, tu n'as pas échappé à toi-même. Elle est magnifique cette vertu où nous aspirons, non que ce soit proprement un bien d'être exempt du vice, mais parce que cela agrandit l'âme, la prépare à la connaissance des choses célestes, et la rend digne d'être associée à Dieu même.

La plénitude et le comble du bonheur pour l'homme, c'est de fouler aux pieds tout mauvais désir, de s'élancer dans les cieux, et de pénétrer les replis les plus cachés de la nature. Avec quelle satisfaction, du milieu de ces astres où vole sa pensée, il se rit des mosaïques de nos riches, et de notre terre avec tout son or, non pas seulement de celui qu'elle a rejeté de son sein et livré aux empreintes monétaires, mais de celui qu'elle garde en ses flancs pour la cupidité des âges futurs ! Pour dédaigner ces portiques, ces plafonds éclatants d'ivoire, ces forêts pendantes sur nos toits [1516] , ces fleuves contraints de traverser des palais [1517] , il faut avoir embrassé le cercle de l'univers, et laissé tomber d'en haut un regard sur ce globe étroit, en grande partie submergé, tandis que ce qui surnage est au loin sauvage, brûlant ou glacé. Voilà donc, se dit le sage, le point que tant de nations se partagent le fer et la flamme à la main ! Voilà les mortels avec leurs risibles frontières ! Le Dace ne franchira pas l'Ister ; le Strymon fermera la Thrace, et l'Euphrate arrêtera les Parthes ; le Danube séparera la Sarmatie de l'empire romain [1518] ; le Rhin sera la limite de la Germanie ; entre les Gaules et les Espagnes, les Pyrénées élèveront leurs cimes ; d'immenses déserts de sables s'étendront de l'Égypte à l'Éthiopie ! Si l'on donnait aux fourmis l'intelligence de l'homme, ne partageraient-elles pas aussi un carré de jardin en plusieurs provinces ? Quand tu te seras élevé aux objets vraiment grands dont je parle, chaque fois que tu verras des armées marcher enseignes levées, et comme si tout cela était chose sérieuse, des cavaliers tantôt voler à la découverte, tantôt se développer sur les ailes, tu seras tenté de dire :

La noire légion sous les herbes chemine [1519] .

Ce sont des évolutions de fourmis : grands mouvements sur peu d'espace. Quelle autre chose les distingue de nous, que l'exiguïté de leur corps [1520] ? C'est sur un point que vous naviguez, que vous guerroyez, que vous vous taillez des empires, à peine visibles, n'eussent-ils de barrière que les deux Océans. Il est là-haut des régions sans bornes, que notre âme est admise à posséder, pourvu qu'elle n'emporte avec elle que le moins possible de ce qui est matière, et que, purifiée de toute souillure, libre d'entraves, elle soit assez légère et assez sobre en ses désirs pour voler jusque-là. Dès qu'elle y touche, elle s'y nourrit et s'y développe : elle est comme délivrée de ses fers et rendue à son origine. Elle se reconnaît fille du ciel [1521] au charme qu'elle trouve dans les choses célestes ; elle y entre, non comme étrangère, mais comme chez elle. Elle voit avec sécurité le coucher, le lever des astres, leurs voies si diverses et si concordantes. Elle observe le point d'où chaque planète commence à nous luire, son plus haut degré d'élévation, le cercle qu'elle parcourt, la ligne jusqu'où elle s'abaisse. Avide spectatrice, il n'est rien qu'elle ne sonde et n'interroge. Eh ! qui l'en empêcherait ? Ne sait-elle pas que tout cela est son domaine ? Qu'alors elle juge mesquin le séjour étroit qu'elle a fui ! Qu'est-ce en effet que l'espace qui s'étend des rivages les plus reculés de l'Espagne jusqu'aux Indes ? Une traversée de quelques jours, si un bon vent enfle la voile [1522] . Et les plaines du ciel ouvrent une carrière de trente années à la plus rapide de toutes les planètes, qui, sans jamais s'arrêter, va constamment de la même vitesse ! Là enfin l'homme apprend ce qu'il a si longtemps cherché ; là il apprend à connaître Dieu ? Qu'est-ce que Dieu ? L'âme de l'univers. Qu'est-ce que Dieu ? Tout ce que tu vois et tout ce que tu ne vois pas. On rend enfin à l'être suprême sa grandeur, qui passe toute imagination, si l'on reconnaît que seul il est tout, qu'au dedans comme au dehors, son œuvre est pleine de lui. Quelle est donc la différence entre la nature de Dieu et la nôtre ? C'est que dans l'homme la plus noble partie est l'âme, et qu'il n'y a rien en Dieu qui ne soit âme. Il est tout raison ; tel est, au contraire, l'aveuglement des mortels, qu'à leurs yeux cet univers si beau, si régulier, si constant dans ses lois, n'est que l'œuvre et le jouet du hasard d'où vinrent l'orageuse région des tonnerres, des nuées, des tempêtes, et les autres phénomènes qui tourmentent le globe et son atmosphère. Et ce délire ne s'arrête pas au vulgaire ; il a gagné jusqu'à des hommes qui se donnent pour sages. Il en est qui, tout en reconnaissant en eux une âme, et une âme prévoyante, laquelle embrasse les moindres détails, ce qui les touche eux et les autres, refusent au grand tout, dont ils font partie, toute espèce d'intelligence, et le supposent emporté par je ne sais quelle force aveugle, ou par une nature ignorante de ce qu'elle fait [1523] . Combien, dis-moi, n'importe-t-il pas d'être éclairé sur toutes ces choses, et d'en bien déterminer les limites ? Jusqu'où va la puissance de Dieu ; forme-t-il la matière dont il a besoin, ou ne fait-il que la mettre en œuvre ; l'idée préexiste-t-elle à la matière, ou la matière à l'idée ; Dieu accomplit-il tout ce qu'il veut, ou trop souvent le sujet ne manque-t-il pas à l'exécution ; et des mains du suprême artisan ne sort-il pas maintes fois des ouvrages défectueux, non point faute d'art, mais parce que les éléments qu'il emploie sont rebelles à l'art ? Admirer, étudier, creuser ces grands problèmes, n'est-ce point franchir la sphère de sa mortalité et s'inscrire citoyen d'un monde meilleur ? « A quoi, diras-tu, te serviront ces études ? » Dussé-je n'y gagner rien de plus, au moins saurai-je que tout est borné, quand j'aurai pris Dieu pour mesure. Mais ces réflexions viendront plus tard.

I.

J'aborde maintenant mon sujet. Écoute ce que la philosophie veut qu'on pense de ces feux que l'air fait mouvoir transversalement. Ce qui prouve avec quelle force ils sont lancés, c'est l'obliquité de leur course, et leur extrême vitesse ; on voit qu'il y a là, non un mouvement propre, mais une impulsion étrangère. Ils sont aussi nombreux que variés dans leurs formes. Il y en a une espèce qu'Aristote appelle *Chèvre* . Si tu m'en demandes la raison, explique-moi d'abord pourquoi on les nomme aussi *Boucs* . Si, au contraire, ce qui est plus expéditif, nous convenons entre nous de nous épargner ces questions sur le dire des auteurs, nous gagnerons plus à rechercher la cause du phénomène qu'à nous étonner de ce qu'Aristote appelle *Chèvre* un globe de feu. Telle fut la forme de celui qui, pendant la guerre de Paul Émile contre Persée, apparut grand comme le disque de la lune. Nous-mêmes avons vu plus d'une fois des flammes qui offraient l'aspect d'un ballon énorme, mais qui se dissipaient dans leur course. Vers le temps où Auguste quitta la vie, pareil prodige se renouvela ; nous le revîmes lors de la catastrophe de Séjan, et le trépas de Germanicus fut annoncé par un semblable présage. « Quoi ! me diras-tu, serais-tu enfoncé dans l'erreur au point de croire que les dieux envoient des signes avant-coureurs de la mort, et qu'il soit rien d'assez grand sur la terre pour que la chute en retentisse jusqu'au ciel ? » Je traiterai ce point dans un autre temps. Nous verrons si les événements se déroulent tous dans un ordre fatal ; s'ils sont tellement liés les uns aux autres, que ce qui précède devienne la cause ou le présage de ce qui suit. Nous verrons si les dieux prennent souci des choses humaines, si la série même des causes révèle par des signes certains quels seront les effets. En attendant, j'estime que les feux dont nous parlons naissent d'une violente compression de l'air qui s'est rejeté d'un côté, mais sans faire retraite, et en réagissant sur lui-même. Cette réaction fait jaillir des poutres, des globes, des torches, des incendies. Si la collision est plus faible, si l'air n'est, pour ainsi dire, qu'effleuré, l'éruption lumineuse est moindre,

Et l'étoile, en filant, traîne sa chevelure [1524] .

Alors de minces étincelles tracent dans le ciel un sillon peu perceptible et prolongé. Aussi n'y a-t-il point de nuit qui n'offre ce spectacle : car il n'est pas besoin pour cela d'une grande commotion de l'air. Pour tout dire, en un mot, ces feux ont la même cause que les foudres, mais moins énergique : ainsi, un léger choc des nuages produit l'éclair ; un choc plus violent, la foudre. Voici l'explication d'Aristote : « Le globe terrestre exhale quantité de vapeurs de tout genre, les unes sèches, les autres humides, quelques-unes glacées, d'autres inflammables. » Il n'est pas étonnant que les émanations de la terre soient de nature si multiple et si variée, puisque les corps célestes mêmes ne se montrent pas tous sous la même couleur. La canicule est d'un rouge plus vif que Mars, et Jupiter n'a d'autre éclat que la netteté d'une lumière pure. Il faut donc que de cette infinité de molécules que la terre rejette et envoie vers la région supérieure, les nuages attirent des parties ignifères, susceptibles de s'allumer par leur choc mutuel, et même par la simple action des rayons solaires ; comme chez nous la paille enduite de soufre s'allume même à distance du feu. Il est donc vraisemblable qu'une matière analogue, concentrée dans les nuages, s'enflamme aisément et produit des feux plus ou moins considérables, suivant qu'ils ont plus ou moins d'énergie. Car il est fort absurde de croire que ce sont des étoiles qui tombent, ou qui traversent le ciel, ou des parcelles qui s'enlèvent et se séparent des étoiles ; si cela était, depuis longtemps il n'y aurait plus d'étoiles : car il n'y a pas de nuit où l'on ne voie plusieurs de ces feux courir, entraînés en sens divers. Or, chaque étoile se retrouve à sa place et leur grandeur ne varie point. Il suit de là que ces feux naissent au-dessous d'elles, et ne s'évanouissent sitôt dans leur chute que parce qu'ils n'ont ni foyer, ni siège assuré. « Mais pourquoi ne traversent-ils pas aussi l'atmosphère pendant le jour ? » Et si tu disais que de jour il n'y a pas d'étoiles parce qu'on ne les voit pas ? Elles disparaissent, effacées par l'éclat du soleil : de même alors des feux parcourent le ciel, mais la clarté du jour absorbe leur lumière. Si pourtant il en est parfois dont l'explosion soit assez distincte pour ressortir au milieu même de l'éclat du jour, ceux-là sont visibles. Il est certain que l'âge présent en a vu plusieurs de cette sorte, les uns se dirigeant d'orient en occident, les autres dans le sens contraire. Les gens de mer voient un signe de gros temps dans le grand nombre des étoiles filantes : si elles annoncent des vents, elles se forment dans la région des vents, c'est-à-dire dans l'espace intermédiaire de la terre à la lune. Dans les grandes tempêtes, on voit comme de vraies étoiles posées sur les voiles des vaisseaux. Le matelot en péril se croit alors sous la protection de Castor et de Pollux. Mais ce qui doit le rassurer, c'est qu'elles se montrent quand l'ouragan faiblit et que le vent tombe ; Autrement ces feux voltigeraient, et ne se reposeraient pas [1525] . Gylippe, voguant vers Syracuse, en vit un s'arrêter sur le fer même de sa lance. Dans les camps romains, des faisceaux d'armes parurent s'enflammer de ces étincelles qui venaient les effleurer, et qui souvent frappent comme la foudre les animaux et les arbustes. Lancées avec moins de force, elles ne font que glisser et tomber mollement, sans frapper ni blesser. Elles jaillissent tantôt d'entre les nuages, tantôt d'un air pur, s'il déborde en principes inflammables. Et même ne tonne-t-il pas quelquefois dans le ciel le plus serein, comme il arrive en un temps couvert, par une collision atmosphérique ? L'air, si transparent, si sec qu'il puisse être, est pourtant compressible ; il peut former des corps analogues aux nuages, et qui, choqués, fassent explosion. De là les poutres, les boucliers ardents, les cieux qui semblent tout en feu, lorsque des causes semblables, mais plus actives, agissent sur les mêmes éléments.

II.

Voyons maintenant comment se forment les cercles lumineux qui entourent quelquefois les astres. On rapporte que le jour où Auguste revint d'Apollonie à Rome, on vit autour du soleil un cercle empreint des couleurs variées de l'arc-en-ciel. C'est ce que les Grecs nomment *Halo* et que nous pouvons très justement appeler

Couronne. Voici comme on en explique la formation : qu'on jette une pierre dans un étang, on voit l'eau s'écarter en cercles multipliés, dont le premier, fort rétréci, est successivement enveloppé par d'autres de plus en plus larges, tant qu'enfin l'impulsion se perde et meure dans la plaine immobile des eaux. Il faut supposer dans l'air des effets analogues. Quand ce fluide condensé est susceptible de percussion, les rayons du soleil, de la lune, d'un astre quelconque, le forcent, par leur action, à s'écarter circulairement. L'air, en effet, comme l'eau, comme tout ce qui reçoit une forme d'un, choc quelconque, prend celle du corps qui la frappe. Or, tout corps lumineux est sphérique ; donc l'air qui en sera frappé prendra la forme ronde. De là le nom d'Aires donné par les Grecs à ces météores, parce que les lieux destinés à battre le grain sont ronds généralement. Du reste, il n'y a pas la moindre raison de croire que ces cercles, quelque nom qu'on leur donne, se forment dans, le voisinage des astres. Ils en sont fort éloignés, bien qu'ils paraissent les ceindre et leur faire une couronne. C'est près de la terre que se dessinent ces apparitions ; et l'œil de l'homme, toujours faible et trompé, les place autour des astres mêmes. Rien de pareil ne peut se former dans le voisinage du soleil et des étoiles, où règne l'éther le plus subtil. Car les formes ne peuvent absolument s'imprimer que sur une matière dense et compacte ; sur des corps subtils elles n'ont pas de prise ou ne tiennent pas. Dans nos bains mêmes, on observe un effet semblable autour des lampes, au milieu de cet air dense et obscur, surtout par le vent du midi, qui rend l'atmosphère lourde et épaisse. Ces cercles parfois se dissolvent et s'effacent insensiblement, parfois se rompent sur un point, et les marins attendent le vent du côté du ciel où la rupture s'est faite : l'aquilon, si c'est au nord ; si c'est au couchant, le zéphyre. C'est une preuve que ces couronnes prennent naissance dans la même région que les vents. Au-delà, les vents ne se forment plus, ni par conséquent les couronnes. A ces preuves ajoute que jamais ces météores ne s'engendrent que dans un air immobile et stagnant : le contraire ne se voit pas. En effet, un air tranquille peut recevoir une impulsion, prendre une figure quelconque ; un air agité se dérobe à l'action même de la lumière, car il n'a ni forme ni consistance ; les molécules frappées les premières sont aussitôt disséminées. Ces cercles donc qui couronnent les astres n'auront jamais lieu qu'au sein d'une atmosphère dense et sans mouvement, et par là propre à retenir le faisceau conique de lumière qui vient la frapper. Et en effet, reviens à l'exemple que je citais tout à l'heure. Une pierre jetée dans un bassin, dans un lac, dans toute eau dormante, y produit des cercles sans nombre ; ce qu'elle ne fait pas dans une eau courante. Pourquoi ? Parce que toute figure est brisée par la fuite de l'eau. Il en est de même pour l'air : tranquille, il peut recevoir une forme ; impétueux et agité, il se dérobe et brouille toutes les empreintes qui veulent s'y appliquer. Quand les couronnes se dissolvent également sur tous les points, et s'évaporent sans déplacement, c'est une marque que l'air est tranquille ; et ce calme universel annonce de l'eau. Se rompent-elles d'un côté seulement, le vent soufflera du côté de la rupture ; se déchirent-elles en plusieurs endroits, il y aura tempête. Tous ces accidents s'expliquent par ce que j'ai exposé plus haut. Car, que l'ensemble du phénomène se décompose à la fois, cela démontre l'équilibre, et, partant, le calme de l'air. Si la fracture est unique, c'est que l'air pèse de ce côté, et que de là doit venir le vent. Mais si le cercle est déchiré et morcelé de toutes parts, évidemment il subit le choc de plusieurs courants qui tourmentent l'air et l'assaillent tous à la fois. Cette agitation de l'atmosphère, cette lutte et ces efforts en tous sens signalent la tempête et la lutte imminente des vents. Les couronnes ne paraissent guère que la nuit autour de la lune et des autres astres ; de jour elles sont si rares, que quelques philosophes grecs prétendent qu'on n'en voit jamais ; ce que toutefois l'histoire dément. La cause de cette rareté, c'est que le soleil, ayant trop de force ; agite, échauffe et volatilise trop l'air : l'action de la lune, moins vive, est plus aisément soutenue par l'air ambiant ; il en est de même des autres astres, également incapables de le diviser. Dès lors leur figure s'imprime et peut s'arrêter sur cette vapeur plus consistante et moins fugace. En un mot, l'air ne doit être ni tellement compacte qu'il éloigne et repousse l'immersion de la lumière, ni tellement subtil et délié, qu'il n'en retienne aucun rayon. Telle est la température des nuits, alors que les astres, dont la lumière douce ne vient pas heurter l'air d'une façon brusque et violente, se peignent dans ce fluide, plus condensé qu'il ne l'est d'ordinaire pendant le jour.

III.

L'arc-en-ciel, au contraire, n'a pas lieu de nuit, si ce n'est très rarement, parce que la lune n'a pas assez de force pour pénétrer les nuages et y répandre ces teintes qu'ils reçoivent quand le soleil les frappe. Cette forme d'arc et cette diversité de teintes viennent de ce qu'il y a dans les nuages des parties plus saillantes et d'autres plus enfoncées ; des parties trop denses pour laisser passer les rayons, et d'autres trop ténues pour leur fermer accès. De ce mélange inégal et alternatif d'ombre et de lumière résulte l'admirable variété de l'arc-en-ciel. On l'explique encore autrement. Quand un tuyau vient à se percer, on voit l'eau qui jaillit par une étroite ouverture offrir à l'œil les couleurs de l'iris, si elle est frappée obliquement par le soleil. Pareille chose peut se remarquer dans le travail du foulon, lorsque sa bouche, remplie d'eau, fait pleuvoir sur l'étoffe tendue au châssis une rosée fine et comme un nuage d'air humide, où brillent toutes les couleurs de l'arc-en-ciel. Nul doute que la cause de ce phénomène ne réside dans l'eau ; car il ne se forme jamais que dans un ciel chargé de pluies. Mais examinons comment il se forme. Suivant quelques philosophes, il y a dans les nuages des gouttes d'eau perméables aux rayons du soleil, et d'autres, plus denses, qu'ils ne peuvent traverser : les premières renvoient la lumière, les autres restent dans l'ombre ; et de leur interposition se forme un arc, dont une partie brille et reçoit la lumière, tandis que l'autre la repousse et couvre de son obscurité les points adjacents. D'autres nient qu'il en soit ainsi. L'ombre de la lumière, disent-ils, pourrait ici passer pour cause unique, si l'arc n'avait que deux couleurs, s'il n'était composé que de lumière et d'ombre.

Mais ses mille couleurs, abusant l'œil séduit,

Mêlent le ton qui cesse a la teinte qui suit :

La nuance n'est plus et semble encore la même ;

Le contraste n'a lieu qu'à chaque point extrême [1526] .

On y voit un rouge de flamme, du jaune, du bien, et d'autres teintes si finement nuancées, comme sur la palette du peintre, que, suivant le dire du poète, pour discerner entre elles les couleurs, il faut comparer les premières aux dernières. Car la transition échappe, et l'art de la nature est tellement merveilleux, que des couleurs qui commencent par se confondre, finissent par contraster. Que font donc ici vos deux seuls éléments d'ombre et de lumière pour expliquer des effets sans nombre ? D'autres donnent de ces mêmes effets la raison suivante : dans la région où il pleut, toutes les gouttes sont autant de miroirs, toutes peuvent réfléchir l'image du soleil. Ces images, multipliées à l'infini, se confondent dans leur chute précipitée, et l'arc-en-ciel naît de la multitude confuse de ces images du soleil. Voici sur quoi on base cette conclusion. Exposez au soleil des milliers de bassins, tous renverront l'image de cet astre ; placez une goutte d'eau sur chaque feuille d'un arbre, il y paraîtra autant de soleils qu'il y aura de gouttes, tandis que dans le plus vaste étang on n'en verra qu'un seul. Pourquoi ? Parce que toute surface luisante, circonscrite, si étendues que soient ses limites, n'est qu'un seul miroir. Supposez cet étang immense coupé par des murs en plusieurs bassins, il s'y formera autant d'images du soleil qu'il y aura de bassins. Laissez l'étang dans son entier, il répétera toujours une image unique. Il n'importe que ce soit un pouce d'eau ou un lac ; dès qu'il est circonscrit, c'est un miroir. Ainsi, ces gouttes innombrables, qui se précipitent en pluie, sont autant de miroirs, autant d'images du soleil. L'œil placé en face n'y voit qu'un confus assemblage, et l'intervalle de l'une à l'autre s'efface par le lointain. De là, au lieu de gouttes distinctes, on n'aperçoit qu'un brouillard formé de toutes les gouttes. Aristote porte le même jugement. Toute surface lisse, dit-il, renvoie les rayons qui la frappent. Or, quoi de plus lisse que l'eau et l'air ? L'air condensé renvoie donc vers nos yeux les rayons qui en sont partis. Nos yeux sont-ils faibles et souffrants, la moindre répercussion de l'air les trouble. Il est des malades dont l'affection consiste à se figurer que partout c'est en face d'eux-mêmes qu'ils arrivent, et qui voient partout leur image. Pourquoi ? Parce que leur rayon visuel, trop faible pour pénétrer l'air le plus voisin, se replie sur lui-même. Ainsi, ce que l'air dense fait sur les autres, un air

15

quelconque le fait sur eux, puisque le moins opaque l'est assez pour repousser leur vue débile. Mais une vue ordinaire est repoussée par l'air, s'il est assez dense, assez impénétrable pour arrêter et refouler le rayon visuel sur son point de départ. Les gouttes de pluie sont donc autant de miroirs, mais tellement petits qu'ils réfléchissant seulement la couleur et non la figure du soleil. Or, ces gouttes innombrables et qui tombent sans, interstice, réfléchissant toutes la même couleur, doivent produire non pas une multitude d'images distinctes, mais une seule image longue et continue. « Comment, diras-tu, supposer des millions d'images où je n'en vois aucune ? Et pourquoi, quand le soleil n'a qu'une couleur, ses images sont-elles de teintes si diverses ? » Pour répondre à ton objection, ainsi qu'à d'autres qu'il n'est pas moins nécessaire de réfuter, je dois dire que la vue est le juge le plus faux, non seulement des objets dont la diversité de couleurs s'oppose à la netteté de ses perceptions, mais de ceux même qui sont le plus à sa portée. Dans une eau transparente la rame la plus droite semble brisée. Les fruits vus sous le verre paraissent bien plus gros. L'intervalle des colonnes entre elles est comme nul à l'extrémité d'un long portique ; et, pour revenir à mon texte, le soleil même, que le calcul nous prouve être plus grand que toute la terre, est tellement rapetissé par nos yeux, que des philosophes ne lui ont pas donné plus d'un pied de diamètre. L'astre que nous savons le plus rapide de tous, aucun de nous ne le voit se mouvoir ; et l'on ne croirait pas qu'il avance, s'il n'était clair qu'il a avancé. Ce monde qui tourne, incliné sur lui-même, avec tant de vitesse, qui roule en un moment de l'orient à l'occident, nul de nous ne le sent marcher. Qu'on ne s'étonne donc pas si notre œil n'aperçoit point les intervalles des gouttes de pluie, et ne peut distinguer à une telle distance cette infinité d'images si ténues. Il est hors de doute que l'arc-en-ciel est l'image du soleil, reçue dans une nuée concave et gonflée de pluie. La preuve en est qu'il se montre toujours à l'opposite du soleil, au haut du ciel ou à l'horizon, suivant que l'astre s'abaisse ou s'élève, et en sens contraire. Le soleil descend-il ? le nuage est plus haut ; monte-t-il ? il est plus bas. Souvent il se trouve latéral au soleil ; mais, ne recevant pas directement son empreinte, il ne forme point d'arc. Quant à la variété des teintes, elle vient uniquement de ce que les unes sont empruntées au soleil, les autres au nuage même. Ce nuage offre des bandes bleues, vertes, purpurines, jaunes et couleur de feu, variété produite par deux seules teintes, l'une claire, l'autre foncée. Ainsi du même coquillage ne sort pas toujours la même nuance de pourpre. Les différences proviennent d'une macération plus ou moins longue, des ingrédients plus épais ou plus liquides dont on a saturé l'étoffe, du nombre d'immersions et de coctions qu'elle a subies, si enfin on ne l'a teinte qu'une fois. Il n'est donc pas étrange que le soleil et un nuage, c'est-à-dire un corps et un miroir, se trouvant en présence, il se reflète une si grande variété de couleurs qui peuvent se diversifier en mille nuances plus vives ou plus douces. Car, autre est la couleur que produit un rayon igné, autre celle d'un rayon pâle et effacé. Partout ailleurs nous tâtonnons dans nos recherches, quand nous n'avons rien que la main puisse saisir, et nos conjectures doivent être plus aventurées : ici on voit clairement deux causes, le soleil et le nuage ; l'iris n'ayant jamais lieu par un ciel tout à fait pur ou assez couvert pour cacher le soleil, il est donc l'effet de ces deux causes, puisque l'une manquant, il n'existe pas.

IV.

Il suit de là, chose non moins évidente, qu'ici l'image est renvoyée comme par un miroir, car elle ne l'est jamais que par opposition, c'est-à-dire, lorsque en face de l'objet visible se trouve l'objet répercutant. Des motifs non de persuasion, mais de conviction forcée, en sont donnés par les géomètres ; et il ne reste douteux pour personne que si l'iris reproduit mal l'image du soleil, c'est la faute du miroir et de sa configuration. A notre tour, essayons d'autres raisonnements qu'on puisse saisir sans difficulté. Je compte, entre autres preuves du développement défectueux de l'iris, la soudaineté de ce développement : un moment déploie dans l'espace ce vaste corps, ce tissu de nuances magnifiques ; un moment le détruit. Or, rien n'est aussi vite renvoyé qu'une image l'est par un miroir ; en effet, le miroir ne fait pas l'objet, il le montre. Artémidore de Paros détermine en outre quelle forme doit avoir le nuage pour reproduire ainsi l'image du soleil. « Si vous faites, dit-il, un miroir concave d'une boule de verre coupée en deux, en vous tenant hors du foyer, vous y verrez tous ceux qui seront à vos côtés, plus près de vous que le miroir. Même chose arrive quand nous voyons par le flanc un nuage rond et concave : l'image du soleil s'en détache, se rapproche et se tourne vers nous. La couleur de feu vient donc du soleil, et celle d'azur du nuage ; le mélange de l'une et de l'autre produit toutes les autres. »

V.

A ces raisonnements on répond : il y a sur les miroirs deux opinions ; on n'y voit, d'après les uns, que des simulacres, c'est-à-dire les figures de nos corps, émanées et distinctes de ces mêmes corps ; selon d'autres, l'image n'est pas dans le miroir, ce sont les corps mêmes qu'on voit par la réflexion du rayon visuel qui revient sur lui-même. Or, ici l'essentiel n'est pas de savoir comment nous voyons ce que nous voyons, mais comment l'image renvoyée devrait être semblable à l'objet, comme elle l'est dans un miroir. Qu'y a-t-il de si peu ressemblant que le soleil et un arc où ni la couleur, ni la figure, ni la grandeur du soleil ne sont représentées ? L'arc est plus long, plus large, la partie rayonnante est d'un rouge plus foncé que le soleil, et le reste présente des couleurs tout autres que celle de l'astre. Et pour prétendre que l'air est un miroir, il faut le donner comme surface aussi lisse, aussi plane, aussi brillante. Mais aucun nuage ne ressemble à un miroir ; nous traversons souvent les nues, et n'y voyons pas notre image. Quand on gravit le sommet des montagnes, on a sous les yeux des nuages, et cependant on ne peut s'y voir. Que chaque goutte d'eau soit un miroir, je l'accorde ; mais je nie que le nuage soit composé de gouttes. Il renferme bien de quoi les produire, mais elles, n'y sont pas toutes produites ; ce n'est point la pluie qui compose le nuage, c'est la matière de ce qui sera pluie. Je vous concéderai même qu'il y a dans un nuage d'innombrables gouttes, et qu'elles réfléchissent quelque objet ; mais toutes ne réfléchissent pas le même, chacune a le sien. Rapprochez plusieurs miroirs, ils ne confondront pas leurs reflets en un seul ; mais chaque miroir partiel renfermera en soi l'image de l'objet opposé. Souvent, d'une quantité de petits miroirs, on en forme un seul : placez un homme vis-à-vis, il vous semble voir tout un peuple, parce que chaque fragment renvoie une figure distincte. On a eu beau joindre et adapter ensemble ces fragments, ils n'en reproduisent pas moins à part leurs tableaux, et font d'un homme une multitude. Mais ce n'est pas un entassement confus ; les figures sont réparties une à une entre les diverses facettes. Or, l'arc-en-ciel est un cercle unique, continu ; il n'offre en tout qu'une seule figure. Mais, dira-t-on, l'eau qui jaillit d'un tuyau rompu, ou sous les coups de la rame, ne présente-elle pas quelque chose de pareil aux couleurs de l'arc-en-ciel ? Cela est vrai ; mais non par le motif qu'on prétend faire admettre, à savoir que chaque goutte reçoit l'image du soleil. Elles tombent trop vite pour pouvoir s'empreindre de cette image. Il faut un objet arrêté, pour saisir la forme à reproduire. Qu'arrive-t-il donc ? Elles retracent la couleur, non l'image. D'ailleurs, comme l'empereur Néron le dit fort élégamment :

Le cou des pigeons de Cypris

Brille en se balançant des couleurs de l'iris :

de même le cou du paon, à la moindre inflexion, les reflète. Faudra-t-il donc appeler miroirs ces sortes de plumes auxquelles chaque mouvement donne de nouvelles nuances ? Eh bien ! les nuages, par leur nature, diffèrent autant des miroirs que les volatiles dont je parle, que les caméléons et autres animaux qui changent de couleur, soit d'eux-mêmes, quand la colère ou le désir les enflamme, et que l'humeur, répandue sous la peau, la couvre de taches ; soit par la direction de la lumière, qui modifie la couleur en les frappant de face ou obliquement. En quoi des nuages ressemblent-ils à des miroirs, ceux-ci n'étant pas diaphanes, et ceux-là laissant passer la lumière ? Les miroirs sont denses et compactes, les nuages, vaporeux ; les miroirs sont formés tout entiers de la même matière ; les nuages, d'éléments hétérogènes assemblés au hasard, et par là même sans accord et sans cohésion durable. Et puis, nous voyons au lever du soleil une partie du ciel rougir ; nous voyons des nuages parfois couleur de feu. Qui donc empêche, s'ils doivent cette couleur unique à l'apparition du soleil, qu'ils ne lui en empruntent pareillement plusieurs, bien qu'ils n'aient pas la propriété d'un miroir ? Tout à l'heure, dira-t-on, un de vos arguments pour prouver que toujours l'arc-en-ciel surgit en face du soleil, était qu'un miroir même ne réfléchit que les objets qu'il a devant lui ; ce principe est aussi le nôtre. Car comme il faut opposer au miroir ce dont on veut qu'il reçoive l'image, de même, pour que le nuage soit coloré, il faut que le soleil soit dans une position convenable : l'effet n'aurait pas lieu, si la lumière brillait sur tous les points ; il faut, pour le produire, une direction propre des rayons solaires. Ainsi parlent ceux qui veulent qu'on admette la coloration du nuage. Posidonius, et les auteurs qui jugent que le phénomène s'opère comme sur un miroir, répondent : « S'il y avait dans l'iris une couleur quelconque, elle serait persistante, et paraîtrait d'autant plus vive qu'on en serait plus près. Mais la lueur de l'arc, vive dans le lointain, meurt à mesure qu'on s'en approche. » Je n'admets pas cette réponse, tout en approuvant le fond de l'idée, et voici pourquoi. Le nuage, il est vrai, se colore, mais de telle sorte que la couleur n'est pas visible de tous côtés, pas plus que ne l'est le nuage lui-même : ceux qui sont dedans ne le voient pas. Est-il donc étrange que la couleur soit inaperçue de ceux pour qui le nuage même n'est pas visible ? Cependant, quoique inaperçu ! il existe ; par conséquent la couleur aussi. Ne concluons donc pas qu'elle est imaginaire, de ce qu'elle ne paraît plus la même quand on en approche ; car cela arrive même pour les nuages, qui n'en sont pas moins réels pour n'être pas vus. Quand on vous dit aussi qu'un nuage est teint du soleil, ce n'est pas vous dire que cette teinte le pénètre comme corps résistant, immobile et qui dure, mais comme corps fluide et volatil, qui ne reçoit autre chose qu'une très passagère empreinte. Il y a, au surplus, telles couleurs dont l'effet ne frappe les regards qu'à distance. Plus la pourpre de Tyr est belle et richement saturée, plus il la faut tenir haut, pour qu'elle déploie tout son éclat. Est-ce à dire qu'elle soit sans reflet, parce que l'excellence de sa teinte ne se fait pas voir sous quelque jour qu'on l'étalé ? Je suis du même sentiment que Posidonius : j'estime que l'arc-en-ciel se forme sur un nuage qui figure un miroir concave et rond, ayant l'aspect demi-sphérique. Le démontrer, sans l'aide des géomètres, est impossible : ceux-ci enseignent, par des arguments qui ne laissent pas de doute, que c'est l'image du soleil, non ressemblante. Tous les miroirs, en effet, ne sont pas fidèles. Il en est où l'on craint de jeter les yeux, tant ils déforment et altèrent le visage de ceux qui s'y regardent ; la ressemblance s'y retrouve en laid. On pourrait, à voir certains autres, prendre une haute idée de ses forces, tant ils grossissent les muscles et amplifient outre nature les proportions de tout le corps. D'autres placent à droite ce qui est à gauche, et réciproquement ; d'autres contournent ou renversent les objets. Faut-il s'étonner qu'un miroir de ce genre, qui dénature en le reflétant le disque du soleil, puisse se former aussi dans un nuage ?

VI.

A toutes ces preuves ajoutons que jamais l'iris ne forme plus d'un demi-cercle, lequel est d'autant moindre que le soleil est plus haut. Si Virgile a dit :

... Et l'arc-en-ciel immense

Boit l'eau des mers [1527] .

c'est quand la pluie est imminente ; mais il n'apporte pas les mêmes pronostics, sur quelque point qu'il se montre. Au midi il amène des pluies abondantes, que n'a pu dissiper le soleil dans toute sa force, parce qu'elles sont trop considérables. S'il brille au couchant, il y aura rosée et pluie fine. Paraît-il à l'orient ou à peu de distance de l'orient, il promet un temps serein. Mais pourquoi, si l'iris est un reflet du soleil, se montre-t-il beaucoup plus grand que cet astre ? Parce qu'il y a tel miroir dont la propriété est de rendre les objets bien plus considérables qu'il ne les voit, et de donner aux formes un prodigieux développement, tandis que tel autre les rapetisse. A votre tour, dites-moi pourquoi l'iris se courbe en demi-cercle, si ce n'est pas à un cercle qu'il répond ? Vous expliquerez peut-être d'où vient cette variété de couleurs ; mais cette forme de l'iris, vous ne l'expliquerez pas, si vous n'indiquez un modèle sur lequel il se dessine. Or, il n'en est pas d'autre que le soleil, auquel vous avouez qu'il doit sa couleur ; donc il lui doit aussi sa forme. Enfin, vous convenez avec moi que ces teintes, dont une partie du ciel se colore, viennent du soleil. Un seul point nous divise : vous croyez ces teintes réelles, je les crois apparentes. Réelles ou apparentes, elles viennent du soleil ; et vous n'expliquerez point pourquoi elles s'évanouissent tout d'un coup, tandis que toute vive couleur ne s'efface qu'insensiblement. J'ai pour moi cette apparition subite et cette subite disparition. Car le propre d'un miroir est de réfléchir l'objet non successivement, pièce à pièce, mais par un calque instantané du tout. Et l'objet n'est pas moins prompt à s'éclipser qu'à se dessiner : car pour qu'il paraisse ou s'évanouisse, il ne faut que le montrer ou l'ôter. L'iris n'est pas une substance, un corps essentiel du nuage ; c'est une illusion, une apparence sans réalité. En veux-tu la preuve ? L'arc s'effacera, si le soleil se voile. Qu'un second nuage, par exemple, intercepte le soleil, adieu les couleurs du premier. « Mais l'iris est quelque peu [1528] plus grand que le soleil. » Je viens de dire qu'on fait des miroirs qui grossissent tout ce qu'ils représentent. J'ajouterai que tous les objets, vus à travers l'eau, semblent bien plus considérables. Des caractères menus et peu distincts, lus au travers d'un globe de verre plein d'eau, sont plus gros à l'œil et plus nets. Les fruits qui nagent dans le cristal paraissent plus beaux qu'ils ne sont ; les astres, plus grands à travers un nuage, parce que la vue de l'homme manque de prise dans un fluide, et ne peut saisir exactement les objets. Cela devient manifeste si tu remplis d'eau une coupe, et que tu y jettes un anneau ; l'anneau a beau demeurer au fond, son image est répercutée à la surface. Tout ce qu'on voit à travers un liquide quelconque est beaucoup plus gros que nature. Est-il étonnant que l'image du soleil grossisse de même, vue dans l'humidité d'un nuage, puisque deux causes y concourent à la fois, la transparence en quelque sorte vitrée du nuage et sa nature aqueuse ? Car, s'il ne contient pas l'eau toute formée, le nuage en élabore les principes, et c'est en eau qu'il doit se convertir.

VII.

« Puisque, va-t-on me dire, vous avez parlé de verre, je prends texte de là même pour argumenter contre vous. On fabrique des baguettes de verre cannelées ou à plusieurs angles saillants, comme ceux d'une massue, lesquelles, si elles reçoivent transversalement les rayons du soleil, présentent les teintes de l'iris, preuve que ce n'est pas là l'image du soleil, mais une imitation de couleurs par répercussion. » Cet argument milite en grande partie pour moi. D'abord il démontre qu'il faut un corps poli et analogue au miroir pour répercuter le soleil ; ensuite, que ce ne sont nullement des couleurs qui se forment alors, mais de faux-semblants comme ceux qui, je l'ai dit, paraissent ou s'effacent sur le cou des pigeons, selon qu'ils se tournent dans tel ou tel sens. Or, il en est de même du miroir qui, on le voit, n'a pas de couleur à lui, mais simule une couleur étrangère. Un seul fait pourtant reste à expliquer : c'est qu'on ne voit pas dans cette baguette l'image du soleil, parce qu'elle n'est pas disposée pour la bien reproduire. Il est vrai qu'elle tend à le faire, vu qu'elle est d'une matière lisse et propre à cet effet ; mais elle ne le peut, parce qu'elle est irrégulièrement faite. Convenablement fabriquée, elle réfléchirait autant de soleils qu'elle aurait de faces. Ces faces n'étant pas assez détachées les unes des autres, et n'ayant pas assez d'éclat pour faire l'office d'un miroir, elles ébauchent la ressemblance, elles ne la rendent point ; les images trop rapprochées se confondent et n'offrent plus qu'une seule bande colorée.

VIII.

Mais pourquoi l'iris n'est-il pas un cercle complet, et n'en laisse-t-il voir que moitié dans le prolongement si étendu de sa courbe ? Suivant l'opinion de quelques-uns, le soleil étant bien plus élevé que les nuages, et ne frappant qu'à la partie supérieure, la partie inférieure n'est pas atteinte par ses rayons. Et comme ils ne reçoivent le soleil que d'un côté, ils n'en réfléchissent qu'une partie, qui n'excède jamais la moitié. Cette raison est peu concluante ; en effet, le soleil a beau être plus élevé, il n'en frappe pas moins tout le nuage, et par conséquent le colore, puisque ses feux le traversent et le pénètrent dans toute son épaisseur. Ces mêmes auteurs disent une chose qui va contre leur proposition. Car, si le soleil donne d'en haut, et, partant, ne colore que la partie supérieure des nuages, l'arc ne descendra jamais jusqu'à terre. Or, il s'abaisse jusque-là. De plus, l'arc est toujours opposé au soleil, peu importe qu'il soit plus bas ou plus haut ; car tout le côté qui est en face se trouve frappé. Ensuite le soleil couchant produit quelquefois des arcs, et certes c'est le bas du nuage qui est frappé, l'astre rasant la terre [1529] . Et pourtant alors il n'y a qu'un demi-cercle, quoique le nuage reçoive le soleil dans sa partie la plus basse et la plus impure. Nos stoïciens, qui veulent que la lumière soit renvoyée par le nuage comme par un miroir, suppo sent la nue concave et semblable à un segment de sphère, qui ne peut reproduire le cercle entier, n'étant lui-même qu'une partie de cercle. J'admets les prémisses, sans approuver la conclusion. Car, si un miroir concave peut représenter toute la circonférence d'un cercle, rien n'empêche que la moitié de ce miroir ne reproduise un globe entier. Nous avons déjà parlé de cercles qui paraissent autour du soleil et de la lune en forme d'arcs : pourquoi ces cercles sont-ils complets, et ceux de l'iris ne le sont-ils jamais ? Ensuite, pourquoi sont-ce toujours des nuages concaves qui reçoivent le soleil, et non des nuages plans ou convexes ? Aristote dit qu'après l'équinoxe d'automne, l'arc-en-ciel peut se former à toute heure du jour, mais qu'en été il ne se forme qu'au commencement ou au déclin de la journée. La raison en est manifeste. D'abord c'est qu'au milieu du jour, le soleil, dans toute sa chaleur, dissipe les nuages dont les éléments qu'il divise ne peuvent renvoyer son image. Le matin, au contraire, et lorsqu'il penche vers son couchant, il a moins de force, et ainsi les nuages peuvent résister et le répercuter. Ensuite, l'iris ne se formant d'ordinaire que quand le soleil fait face au nuage, dans les jours courts l'astre est toujours oblique. Ainsi, à toute heure de la journée, il trouve, même au plus haut de son cours, d'autres nuages qu'il frappe, directement. En été, il est vertical par rapport à nous, et à midi surtout il est trop élevé et trop perpendiculaire, pour qu'aucun nuage puisse se trouver en face ; ils sont tous au-dessous.

IX.

Parlons maintenant de ces *verges* lumineuses qui brillent, comme l'iris, de teintes variées, et que nous regardons aussi comme pronostics de pluie. Elles ne sont pas difficiles à expliquer, n'étant autre chose que des arcs-en-ciel imparfaits : elles sont colorées, mais n'ont point la forme demi-circulaire ; c'est en ligne droite qu'elles s'allongent. Communément elles se for ment près du soleil dans un nuage humide, qui commence à se résoudre en pluie. Elles ont par conséquent les mêmes teintes que l'arc-en-ciel ; leur figure seule diffère, parce que celle des nuages où elles s'impriment est différente.

X.

La même variété de couleur existe dans les *couronnes* ; seulement les couronnes se forment partout, autour de tous les astres ; l'iris ne brille qu'à l'opposite du soleil, et les verges lumineuses dans son voisinage. On peut encore marquer ainsi les différences : la couronne, partagée en deux, sera un arc ; ramenée à la ligne droite, c'est une verge. Les couleurs variées de ces trois météores sont des combinaisons de l'azur et du jaune. La verge avoisine toujours le soleil ; l'arc-en-ciel est solaire ou lunaire ; la couronne peut se former autour de tout astre.

XI.

Il y a encore une autre espèce de verges : ce sont des rayons déliés qui traversent les nues par les étroits intervalles qui les séparent, et s'échappent en lignes droites et divergentes ; ils présagent pareillement la pluie. Or, ici, quel parti prendre ? Comment les appellerai-je ? Images du soleil ? Les historiens les nomment des soleils, et rapportent qu'on a en vu jusqu'à deux et trois à la fois. Les Grecs les appellent *parhélies* [1530] , parce que d'ordinaire ils se montrent dans le voisinage du soleil, ou qu'ils ont avec cet astre une sorte de ressemblance. Car elle n'est pas complète ; elle se borne à l'image et à la figure. Du reste, ils n'ont rien de sa

25

chaleur ; ce sont des rayons émoussés et languissants. Comment donc les qualifier ? Faut-il faire comme Virgile qui, balançant sur le choix d'un nom, finit par adopter ce nom sur lequel il hésitait d'abord :

Et quel nom te donner, ô nectar de Rhétie ?

Du Falerne pourtant ne te crois pas rival [1531].

Ainsi rien n'empêche de leur conserver la qualification de parhélies. Ce sont des images du soleil qui se peignent dans un nuage dense, voisin de cet astre, et disposé en miroir. Quelques-uns définissent le parhélie un nuage circulaire, brillant et semblable au soleil ; il suit cet astre à une certaine distance, qui est toujours la même qu'au moment de son apparition. Sommes-nous surpris de voir l'image du soleil dans une source, dans un lac paisible ? Non, ce me semble. Eh bien ! son image peut être réfléchie dans l'air aussi bien que sur la terre, quand il s'y trouve une matière propre à produire cet effet.

XII.

Pour observer une éclipse de soleil, on pose à terre des bassins remplis d'huile ou de poix, parce qu'un liquide onctueux se trouble moins facilement et retient mieux les images qu'il reçoit. Or, une image ne peut se laisser voir que dans un liquide immobile. Alors nous remarquons comment la lune s'interpose entre nous et le soleil ; comment ce globe, bien plus petit que le soleil, venant à lui faire face, le cache tantôt partiellement, s'il ne lui oppose qu'un côté de son disque, et parfois en totalité. On appelle éclipse totale celle qui fait paraître les étoiles en interceptant le jour ; elle a lieu quand le centre des deux astres se trouve pour nous sur le même axe. Comme l'image de ces grands corps s'aperçoit sur la terre, elle peut de même s'apercevoir dans l'air, quand il est assez dense, assez transparent pour recevoir l'image solaire que les autres nuages reçoivent aussi, mais laissent échapper s'ils sont trop mo biles, ou trop raréfiés, ou trop noirs : mobiles, ils dispersent les traits de l'image ; raréfiés, ils la laissent passer ; chargés de va peurs impures et grossières, ils ne reçoivent pas son empreinte, comme nous voyons que les miroirs ternis ne renvoient plus les objets.

XIII.

Souvent deux parhélies se montrent simultanément ; ce qui s'explique de même. Rien n'empêche en effet qu'il ne s'en forme autant qu'il se trouve de nuages propres à réfléchir l'image du soleil. Suivant quelques auteurs, de deux parhélies simultanés, l'un est produit par le soleil et l'autre par l'image. Ainsi plusieurs miroirs opposés les uns aux autres nous offrent tous des images dont une seule pourtant reproduit l'objet réel ; les autres ne sont que des copies de ces images. Peu importe en effet ce qu'on met en présence du miroir ; il répète tout ce qu'on lui montre. De même, dans la haute région de l'air, lorsque le hasard dispose deux nuages de telle sorte qu'ils se regardent l'un l'autre, celui-ci reflète l'image du soleil, celui-là l'image de l'image. Mais il faut, pour produire cet effet, des nuages denses, lisses, brillants, d'une nature analogue à celle du soleil. Tous ces météores sont de couleur blanche et ressemblent au disque de la lune, parce qu'ils reluisent des rayons que le soleil leur darde obliquement. Si le nuage est près de l'astre et au-dessous, la chaleur le dissipe ; s'il est trop loin, il ne renvoie pas les rayons, et l'image n'est pas produite. Il en est de même de nos miroirs : trop éloignés, ils ne nous rendent pas nos traits, le rayon visuel n'ayant plus la force de répercussion. Ces soleils, pour parler comme les historiens, annoncent aussi la pluie, surtout s'ils paraissent au midi, d'où viennent les nuages les plus gros et les plus chargés. Quand ils se montrent à droite et à gauche du soleil, si l'on en croit Aratus, une tempête va surgir.

XIV.

    Il est temps de passer en revue les autres météores, si variés dans leurs formes. Ou ce sont des étoiles qui brillent soudainement, ou des flammes ardentes, les unes fixes et stationnaires, les autres qui roulent dans l'espace. On en remarque de plusieurs genres. Les *bothynes* sont des cavités ignées du ciel, entourées intérieurement d'une espèce de couronne, et semblables à l'entrée d'une caverne circulaire. *Les pithies* ont la forme d'un immense tonneau de feu, tantôt mobile, tantôt se consumant sur place. On appelle *chasmata* ces flammes que le ciel en s'entrouvrant laisse apercevoir dans ses profondeurs. Les couleurs de ces feux sont aussi variées que leurs formes. C'est, par exemple, un rouge des plus vifs, ou une flamme légère prompte à s'évanouir ; quelquefois une lumière blanchâtre, quelquefois un éclat éblouissant, d'autres fois une lueur jaunâtre et uniforme qui ne scintille ni ne rayonne. Ainsi nous voyons

Fuir en longs traits d'argent l'étoile pâlissante [1532] .

Ces prétendues étoiles s'élancent, traversent le ciel, et semblent, par leur vitesse incalculable, une longue traînée de feu ; notre vue, trop faible pour distinguer chaque point de leur passage, nous fait croire que toute la ligne parcourue est une ligne de feu. Car la rapidité de leurs mouvements est telle, qu'on ne peut en suivre la succession ; on n'en saisit que l'ensemble. On voit plutôt l'apparition que la marche du météore ; et s'il semble marquer toute sa route d'un seul trait enflammé, c'est que notre œil trop lent ne peut suivre les divers points de sa course ; nous voyons du même coup d'où il part et où il est arrivé. Telle nous paraît la foudre : nous croyons qu'elle trace une longue ligne de flamme, parce qu'elle fournit sa course en un clin d'œil, et que nos regards sont frappés à la fois de tout l'espace qu'elle parcourt dans sa chute. Mais ce corps igné n'occupe pas toute la ligne qu'il décrit, une flamme allongée et si ténue n'a point d'élan si vigoureux. Mais comment jaillissent ces étoiles ? C'est le frottement de l'air qui les allume, et le vent accélère leur chute ; cependant elles ne proviennent pas toujours de ces deux causes. Parfois l'état de l'atmosphère suffit pour les produire. Les régions supérieures abondent en molécules sèches, chaudes, terreuses, parmi lesquelles ces feux prennent naissance ; c'est en courant après les substances qui les alimentent qu'ils se précipitent avec tant de rapidité. Mais pourquoi sont-ils de diverses couleurs ? Cela tient à la nature de la matière inflammable et à l'énergie du principe qui enflamme. Ces météores présagent le vent, et il vient de la région d'où ils partent.

XV.

Tu demandes comment se forment les feux que nous appelons, nous, *fulgores* , et les Grecs, *sela* . De plus d'une manière, comme on dit. La violence des vents peut les produire, comme aussi la chaleur de la région éthérée. Car ces feux, qui de là se disséminent au loin, peuvent se porter en bas, s'ils y trouvent des aliments. Le mouvement des astres dans leur cours peut réveiller les principes inflammables et propager l'incendie au-dessous de leur sphère. En un mot, ne peut-il pas arriver que l'atmosphère lance jusque dans l'éther des molécules ignées qui produisent cet éclat, cette flamme ou cette sorte d'étoile excentrique ? De ces *fulgores* , les uns se précipitent comme des étoiles volantes ; les autres, fixes et immobiles, jettent assez de lumière pour dissiper les ténèbres et donner une sorte de jour, jusqu'à ce que, faute d'aliments, ils s'obscurcissent, et, comme une flamme qui s'éteint d'elle-même, finissent après une constante déperdition par se réduire à rien. Quelquefois ces feux apparaissent dans les nuages, d'autres fois au-dessus : ce sont alors des corpuscules ignés, couvés près de la terre par un air condensé qui les fait jaillir jusqu'à la région des astres. Il en est qui ne peuvent durer ; ils passent, ils s'éteignent à l'instant presque ou ils s'allument. Voilà les *fulgores* proprement dits, parce que leur apparition est courte et fugitive, et qu'ils sont dangereux dans leur chute, aussi désastreuse parfois que celle de la foudre. Ils frappent des maisons, que les Grecs désignent sous le nom d' *astrapoplecta* . Ceux dont la flamme a plus de force et de durée, qui suivent ou le mouvement du ciel, ou une marche qui leur est propre, sont regardés par nos stoïciens comme des comètes ; nous en parlerons plus tard. De ce genre sont les *pogonies* , les *lampes* , les *cyparisses* , et tout corps qui se termine par une flamme éparse. On doute si l'on doit ranger dans cette classe les *poutres* et les *pithies* , dont l'apparition est fort rare, et qui exigent une grande agglomération de feux pour former un globe souvent plus gros que n'est le disque du soleil levant. On peut rapporter au même genre ces phénomènes fréquemment cités dans l'histoire, tels qu'un ciel tout en feu, où l'embrasement parfois s'élève si haut qu'il semble se confondre avec les astres, et parfois s'abaisse tellement qu'il offre l'aspect d'un l'incendie lointain. Sous Tibère, des cohortes coururent au secours de la colonie d'Ostie, qu'elles croyaient en feu, trompées par un météore de cette sorte qui, pendant une grande partie de la nuit, jeta la lueur sombre d'une flamme épaisse et fuligineuse. Nul ne met en doute la réalité des flammes qu'on aperçoit alors ; bien certainement ce sont des flammes. Il y a contestation pour les météores dont j'ai parlé plus haut, je veux dire l'arc-en-ciel et les couronnes. Sont-ce des illusions d'optique et de fausses apparences, ou doit-on y voir des réalités ? A notre avis, les arcs et les couronnes n'ont effectivement point de corps, tout comme en un miroir nous ne voyons rien que simulacre et mensonge dans les représentations de l'objet extérieur. Car le miroir ne renferme pas ce qu'il montre ; autrement cette image n'en sortirait point, et ne serait pas effacée à l'instant par une autre ; on ne verrait pas des formes innombrables paraître et s'évanouir tour à tour. Que conclure de là ? Que ce sont des représentations, des imitations vaines d'objets réels. Même certains miroirs sont construits de manière à défigurer ces objets : quelques-uns, comme je l'ai dit ci-dessus, représentent de travers la face du spectateur ; d'autres le grandissent hors de toute mesure, et prêtent à sa personne des proportions surhumaines.

XVI.

Ici je veux te conter une histoire, où tu verras combien la débauche est peu dédaigneuse de tout artifice qui provoque au plaisir ; combien elle est ingénieuse à stimuler ses propres fureurs. Hostius Quadra était d'une impudicité qui fut même traduite sur la scène. C'est ce riche avare, cet esclave de ses cent millions de sesterces, qu'Auguste jugea ne pas mériter de vengeance quand ses esclaves le tuèrent ; et peu s'en fallut que le prince ne déclarât cette mort légitime. Il ne bornait pas aux femmes ses jouissances contre nature ; il était avide de l'un comme de l'autre sexe. Il avait fait faire des miroirs comme ceux dont je viens de parler, lesquels reproduisaient les objets bien plus grands qu'ils n'étaient, et où le doigt excédait en longueur et en grosseur les dimensions du bras. Or il disposait ces miroirs de telle sorte que, s'il se livrait à un homme, il voyait sans tourner la tête tous les mouvements de ce dernier ; et les énormes proportions que figurait le métal trompeur, il en jouissait comme d'une réalité. Il allait dans tous les bains recrutant ses hommes, les choisissant à sa mesure [1533] ; et il lui fallait encore l'illusion pour complaire à son insatiable maladie. Qu'on dise maintenant que c'est à une propreté raffinée qu'est due l'invention du miroir ! On ne peut rappeler sans horreur ce que ce monstre, digne d'être déchiré de sa bouche impure, osait dire et exécuter, lorsque entouré de tous ces miroirs, il se faisait spectateur de ses turpitudes ; ce qui, même demeuré secret, pèse sur la conscience ; ce que tout accusé nie, il en souillait sa bouche, il le touchait de ses yeux. Et pourtant, ô dieux ! le crime recule devant son propre aspect ; les hommes perdus d'honneur et voués à toutes les humiliations, gardent comme dernier scrupule la pudeur des yeux. Mais lui, comme si c'était peu d'endurer des choses inouïes, sans exemple, il conviait ses yeux à les voir ; et non coûtent d'envisager toute sa dégradation, il avait ses miroirs pour multiplier ces sales images et les grouper autour de lui ; et comme il ne pouvait tout voir aussi bien quand pris à dos par l'un, et tête baissée, il appliquait sa bouche aux plaisirs d'un autre, il s'offrait à lui-même les tableaux répétés de son double rôle. Il contemplait l'œuvre infâme de cette bouche ; il se voyait possédant tout ce qu'il pouvait admettre d'hommes. Partagé quelquefois entre un homme et une femme, et passif de toute sa personne, il se plaisait à voir ce qu'il est horrible de dire. Que restait-il que cet être immonde eût pu réserver pour les ténèbres ? Loin que le jour lui fît peur, il s'étalait à lui-même ses monstrueux accouplements, il se les faisait admirer. Que dis-je ? Ne doute pas qu'il n'eût souhaité d'être peint dans ces attitudes. Les prostituées même ont encore un reste de retenue, et ces créatures, livrées à la brutalité publique [1534] , tendent à leur porte un voile qui cache leur triste obséquiosité : il n'est pas jusqu'aux repaires du vice qui ne gardent quelque vergogne. Mais ce monstre avait érigé son ignominie en spectacle ; il se mirait dans ces actes que la plus profonde nuit ne voile pas assez. « Oui, se dit-il, homme et femme m'exploitent à la fois : et de ce qui me reste libre, je veux en flétrissant autrui faire acte encore de virilité [1535]. Tous mes membres sont pollués, envahis : que mes yeux aussi aient part à l'orgie, qu'ils en soient les témoins, les appréciateurs ; et ce que la position de mon corps m'empêche de voir, que l'art me le montre ; qu'on ne croie pas que j'ignore ce que je fais. Vainement la nature n'a donné à l'homme que de chétifs moyens de jouir, elle qui a si richement pourvu d'autres races. Je trouverai moyen de donner le change à ma frénésie, et de la satisfaire [1536]. Que me sert mon coupable génie, s'il ne va pas outre nature ? Je placerai autour de moi de ces miroirs qui grossissent à un point incroyable la représentation des objets. Si je le pouvais, j'en ferais des réalités ; ne le pouvant pas, repaissons-nous du simulacre. Que mes appétits obscènes s'imaginent tenir plus qu'ils n'ont saisi, et s'émerveillent de leur capacité. » Lâcheté indigne ! C'est à l'improviste peut-être, et sans la voir venir, que cet homme a reçu la mort. C'était devant ses miroirs qu'il fallait l'immoler.

XVII.

Qu'on rie maintenant des philosophes qui dissertent sur les propriétés du miroir, qui cherchent pourquoi notre figure s'y représente ainsi tournée vers nous ; dans quel but la nature, tout en créant des corps réels, a voulu que nous en vissions encore les simulacres [1537] ; pourquoi, enfin, elle a préparé des matières aptes à recevoir l'image des objets. Ce n'était pas certes pour que nous vinssions devant un miroir nous épiler la barbe et la face, et lisser notre visage d'hommes. En aucune chose elle n'a fait de concession à la mollesse ; mais ici qu'a-t-elle voulu d'abord ? Comme nos yeux, trop faibles pour soutenir la vue directe du soleil, auraient ignoré sa vraie forme, elle a, pour nous le montrer, amorti son éclat. Bien qu'en effet il soit possible de le contempler alors qu'il se lève ou se couche, cependant la figure de l'astre lui-même, tel qu'il est, non d'un rouge vif, mais d'un blanc qui éblouit, nous serait inconnue, si à travers un liquide il ne se laissait voir plus net et plus facile à observer. De plus, cette rencontre de la lune et du soleil, qui parfois intercepte le jour, ne serait pour nous ni perceptible, ni explicable, si en nous baissant vers la terre nous ne voyions plus commodément l'image des deux astres. Les miroirs furent inventés pour que l'homme se vît lui-même. De là plusieurs avantages : d'abord la connaissance de sa personne, puis quelquefois d'utiles conseils [1538] . La beauté fut prévenue d'éviter ce qui déshonore ; la laideur, qu'il faut racheter par le mérite les attraits qui lui manquent ; la jeunesse, que le printemps de l'âge est la saison de l'étude et des énergiques entreprises ; la vieillesse, qu'elle doit renoncer à ce qui messied aux cheveux blancs ; et songer quelquefois à la mort [1539] . Voilà dans quel but la nature nous a fourni les moyens de nous voir nous-mêmes. Le cristal d'une fontaine, le poli d'une pierre réfléchit à chacun son image.

J'ai vu mes traits naguère au bord de l'onde,

Quand la mer et les vents sommeillaient [1540] ...

Que penses-tu qu'était la toilette quand on se parait devant de tels miroirs ? A cet âge de simplicité, contents de ce que leur offrait le hasard, les hommes ne détournaient pas encore les bienfaits de la nature au profit des vices, ne faisaient pas servir ses inventions au luxe et à la débauche. Le hasard leur présenta d'abord la reproduction de leurs traits ; puis, comme l'amour propre, inné chez tous, leur rendait ce spectacle agréable, ils revinrent souvent aux objets où ils s'étaient vus une première fois. Lorsqu'une génération plus corrompue s'enfonça dans les entrailles du globe, pour en extraire ce qu'il y faudrait replonger, le fer fut le premier métal dont on se servit ; et on l'aurait impunément tiré des mines, si on l'en avait tiré seul. Les autres fléaux de la terre suivirent : le poli des métaux offrit à l'homme son image, qu'il ne cherchait pas ; l'un la vit sur une coupe, l'autre sur l'airain préparé dans quelque autre but. Bientôt après on façonna des miroirs circulaires ; mais, au lieu du poli de l'argent, ce n'était encore qu'une matière fragile et sans valeur. Alors aussi, durant la vie grossière de ces anciens peuples, on croyait avoir assez fait pour la propreté quand on avait lavé au courant d'un fleuve les souillures contractées par le travail, quand on avait peigné sa chevelure et réparé le désordre d'une longue barbe ; tous soins que l'on prenait soi-même ou qu'on se rendait réciproquement. C'était la main d'une épouse qui démêlait cette épaisse chevelure qu'on avait coutume de laisser flottante, et que ces hommes, assez beaux à leurs yeux sans le secours de l'art, secouaient comme les nobles animaux secouent leur crinière. Par la suite, le luxe ayant tout envahi, on fit des miroirs de toute la hauteur du corps ; on les cisela d'or et d'argent, on les orna même de pierreries ; et le prix auquel une femme acheta un seul de ces meubles, excéda la dot qu'anciennement le trésor public donnait aux filles des généraux pauvres. Te figures-tu un miroir étincelant d'or chez les filles de Scipion, dont la dot fut une pesante monnaie d'airain ? heureuse pauvreté, qui leur valut une pareille distinction ! Elles ne l'eussent pas reçue du sénat, si leur père les avait dotées. Or, quel que fût celui à qui le sénat servit ainsi de beau-père, il dut comprendre qu'une telle dot n'était pas de celles qu'on peut rendre [1541] . Aujourd'hui, de simples filles d'affranchis n'auraient pas assez pour un seul miroir de ce que le peuple romain donna pour Scipion. Le luxe a poussé plus loin l'exigence, encouragé par le progrès même des richesses : tout vice a reçu d'immenses développements, et toutes choses sont tellement confondues par nos raffinements criminels, que l'attirail des femmes, tout un monde, comme on le nommait, a passé dans les bagages d'hommes, je dis peu encore, d'hommes de guerre [1542] . Voilà que le miroir, appelé dans l'origine au seul service de la toilette, est devenu pour tous les genres de vices le meuble indispensable.

Livre II – L'air. Les nuages. Les éclairs. La foudre. – Doctrine des Toscans sur les augures. – Ne pas plus craindre la foudre que tout autre danger de mort.

I.

L'étude complète de l'univers se divise en trois parties : le ciel, la région météorique et la terre. La première considère la nature des astres, leur grandeur, la forme des feux qui circonscrivent le monde ; si le ciel est un corps solide, une matière ferme et compacte, ou un tissu de molécules subtiles et ténues ; s'il reçoit ou donne le mouvement ; s'il a les astres au-dessous de lui, ou adhérents à sa propre substance ; comment le soleil règle le retour des saisons ; s'il revient sur ses pas ; et bien d'autres questions de ce genre. La seconde partie traite des phénomènes qui se passent entre le ciel et la terre. Tels sont les nuages, les pluies, les neiges, et *la foudre aux humains apportant l'épouvante* *[1544]* , et tout ce que l'air subit et opère de variations. Nous appelons cette région météorique, parce qu'elle est plus élevée que le globe. La troisième partie s'occupe des champs, des terres, des arbres, des plantes, et, pour parler comme les jurisconsultes, de tout ce qui tient au sol. Pourquoi, diras-tu, placer la question des tremblements de terre à l'endroit où tu parleras des tonnerres et des éclairs ? Parce que les tremblements de terre étant produits par le vent, qui n'est que l'air agité, quoique cet air circule souterrainement, ce n'est pas à ce point de vue qu'il faut le considérer. Il faut le voir par la pensée en la place où la nature l'a mis. Je dirai même, ce qui semblera plus étrange, qu'à propos du ciel on devra parler aussi de la terre. Tu demandes pourquoi ? Le voici : quand nous examinons en leur lieu les questions propres à la terre, si elle est un plan large, inégal et indéfini, ou si elle affecte la forme d'une boule et ramène toutes ses parties à la sphère ; si elle enchaîne les eaux, ou si elle est enchaînée par elles ; si c'est un être vivant, ou une masse inerte et insensible, pleine d'un souffle vital, mais d'un souffle étranger ; quand tous ces points et d'autres semblables viennent à leur tour de discussion, ils rentrent dans l'histoire de la terre, et sont rejetés à la troisième partie. Mais quand on se demande quelle est la situation de la terre ; en quel endroit de l'univers elle s'est fixée ; comment elle s'est mise en regard des astres et du ciel ; cette question remonte à la première partie, et mérite, pour ainsi parler, une place plus honorable.

II.

Maintenant que j'ai parlé des divisions entre lesquelles se partage l'ensemble de la nature, je dois avancer quelques faits généraux, et tout d'abord ce principe, que l'air est du nombre des corps doués d'unité. Pourquoi ai-je dû de buter par ce principe ? Tu le sauras, quand, reprenant les choses de plus haut, j'aurai distingué les corps continus des corps connexes. La continuité est l'union non interrompue des parties entre elles. L'unité est la continuité sans contiguïté, le contact de deux corps juxtaposés. N'est-il pas vrai que parmi les corps que l'on voit et que l'on touche, doués de sensations ou agissant sur les nôtres, il en est de composés ? Or, ils le sont par contexture ou par coacervation ; par exemple, une corde, un monceau de blé, un navire. Il en est de non composés, comme un arbre, une pierre. Il faut donc accorder que des corps même qui échappent à nos sens et ne se laissent saisir que par la pensée, quelques-uns sont doués de l'unité. Vote combien je ménage ton oreille ; je pouvais me tirer d'affaire en employant le terme philosophique *corps un* ; puisque je t'en fais grâce, paie-moi de retour. Qu'est-ce à dire ? Que si je me sers du mot *un* , tu te rappelles que je le rapporte non pas au nombre, mais à la nature du corps qui, sans aucune aide extérieure, a l'unité de cohésion. L'air est un corps de cette espèce.

III.

Le monde embrasse tous les corps qui sont ou peuvent devenir l'objet de nos connaissances. Les uns font partie du monde, les autres sont des matériaux mis en réserve. Toute la, nature a besoin de matériaux, de même que tout art manuel. Ainsi, pour éclaircir ma pensée, j'appelle parties de notre corps les mains, les os, les nerfs, les yeux ; et matériaux, les sucs alimentaires qui doivent se distribuer dans ces parties. Le sang à son tour est comme partie de nous-mêmes, bien qu'il soit compté parmi les matériaux, comme servant à former les autres parties, et n'en est pas moins l'une des substances dont le corps entier se compose.

IV.

C'est ainsi que l'air est une partie du monde, une partie nécessaire. Car c'est l'air qui joint la terre et le ciel. Il sépare les hautes régions des régions inférieures, mais en les unissant ; il les sépare comme intermédiaire ; il les unit, puisque par lui tous deux se communiquent. Il transmet plus haut tout ce qu'il reçoit de la terre, et réciproquement rend à la terre les influences sidérales. Je dis que l'air est partie du monde, de même que les animaux et les plantes, lesquels font partie de l'univers, puisqu'ils entrent comme compléments dans le grand tout, et que l'univers n'existe pas sans eux. Mais un seul animal, un seul arbre, n'est qu'une quasi-partie ; car il a beau périr, l'univers d'où il disparaît, reste entier. L'air, comme je le disais, est cohérent au ciel ainsi qu'à la terre : il est inné dans l'un comme dans l'autre. Or, l'unité appartient à tout ce qui fut créé partie essentielle d'une chose ; car rien ne reçoit l'être sans unité.

V.

La terre est l'une des parties du monde et l'un de ses matériaux. Pourquoi en est-elle une partie ? C'est, je pense, ce que tu ne demanderas pas ; autant vaudrait demander pourquoi le ciel en est une. C'est qu'en effet l'univers n'existerait pas plus sans l'une que sans l'autre ; l'univers existant au moyen des choses qui, comme le ciel et la terre, fournissent les aliments que tous les animaux, toutes les plantes et tous les astres se partagent. C'est de là que tous les individus tirent leur force, et le monde de quoi satisfaire à ses innombrables besoins ; de là provient ce qui nourrit ces astres si nombreux, si actifs, si avides, qui, nuit et jour à l'œuvre, se repaissent aussi constamment ; c'est là que la nature puise ce qu'exige l'entretien de toutes, ses parties. Le monde s'est fait sa provision, pour l'éternité. Je vais te donner en petit l'analogue de cet immense phénomène : un œuf renferme autant de liquide qu'il en faut pour la formation de l'animal qui doit éclore.

VI.

L'air est contigu à la terre : la juxtaposition est telle, qu'il occupe à l'instant l'espace qu'elle a quitté. Il est une des parties du monde ; et néanmoins tout ce que la terre transmet d'aliments aux astres, il le reçoit [1545] , et sous ce rapport doit être compté comme l'un des matériaux, non comme partie du grand tout. De là son extrême inconstance et ses bruyantes agitations. Quelques-uns le composent de molécules distinctes, comme la poussière, ce qui s'éloigne infiniment du vrai. Car jamais corps composé ne peut faire effort que par l'unité de ses parties, qui toutes doivent concourir à lui donner du ressort en mettant leur force en commun. Mais l'air, s'il était morcelé en atomes, demeurerait épars, et une substance disséminée ne saurait faire corps. Le ressort de l'air se démontre par le ballon qu'il gonfle et qui résiste aux coups ; il se démontre par ces objets pesants transportés au loin sans autre véhicule que le vent ; il se démontre par la voix, qui faiblit ou s'élève proportionnellement à l'impulsion de l'air. Qu'est-ce, en effet, que la voix, sinon l'air, mis en jeu par la percussion de la langue pour produire un son ? Qu'est-ce que la course et toute locomotion ? Des effets de l'air respiré avec plus ou moins de force. C'est l'air qui donne aux nerfs leur vigueur, et aux coureurs leur agilité. Quand il s'agite et tourbillonne avec violence, il arrache arbres et forêts, il enlève et brise des édifices entiers. La mer immobile et stagnante par elle-même, c'est l'air qui la soulève. Passons à de moindres effets ; que serait le chant sans le ressort de l'air ? Les cors, les trompettes, et ces instruments qui, sous la pression de l'eau, rendent un son plus fort que ne ferait une bouche humaine, n'est-ce pas l'air comprimé qui fait agir leur mécanisme ? Considérons quelle force immense et inaperçue déploient des graines presque imperceptibles, et qui, par leur ténuité, ont trouvé place dans les jointures des pierres : elles viennent à bout de séparer des roches énormes et de détruire des monuments ; les racines les plus menues, les plus déliées, fendent des blocs massifs de rochers. Quelle autre cause serait-ce, sinon l'élasticité de l'air, sans laquelle il n'est point de force, et contre laquelle nulle force n'est assez puissante ? Quant à l'unité de l'air, elle peut se déduire suffisamment de la cohésion de toutes les parties du corps humain. Qui les maintient de la sorte, si ce n'est l'air ? Qui donne le mouvement, chez l'homme, au principe vital ? Comment y a-t-il mouvement s'il n'y a ressort ? d'où vient ce ressort, sinon de l'unité ; et cette unité, sinon de l'air même ? Enfin, qui pousse hors du sol les récoltes, l'épi si faible à sa naissance ; qui fait grandir ces arbres verdoyants ; qui étend leurs branches ou les élance vers le ciel, sinon le ressort et l'unité de l'air ?

VII.

Certains auteurs divisent l'air et le partagent en molécules, entre lesquelles ils supposent le vide. Ce qui prouve, selon eux, que ce n'est pas un corps plein, mais qu'il s'y trouve beaucoup de vide, c'est la facilité qu'ont les oiseaux à s'y mouvoir et à le parcourir, les plus grands comme les plus petits. L'argument est faux ; car l'eau offre la même facilité, et il n'y a point de doute sur l'unité de ce liquide qui ne reçoit les corps qu'en refluant toujours en sens contraire de l'immersion. Ce déplacement circulaire, *circumstantia* chez nous, et chez les Grecs *péristase*, s'opère dans l'air comme dans l'eau. L'air, en effet, entoure tous les corps qui le pressent, et n'a pas besoin que le vide s'y interpose. Mais nous reprendrons ailleurs ce sujet.

VIII.

De tout ceci il faut conclure qu'il y a dans la nature un principe d'activité de la plus grande force. En effet, il n'est point de corps dont l'élasticité n'augmente l'énergie. Ce qui n'est pas moins vrai, c'est qu'un corps ne saurait développer dans un autre une élasticité qui ne serait pas naturelle à celui-ci ; tout comme nous disons que rien ne saurait être mû par une action étrangère sans avoir en soi une tendance à la mobilité. Or, que jugerons-nous plus essentiellement élastique que l'air ? Qui lui refusera cette propriété en voyant comme il bouleverse la terre et les montagnes, les maisons, les murailles, les tours, de grandes cités et leurs habitants, les mers et toute l'étendue de leurs rivages ? Son élasticité se prouve par sa rapidité et sa grande expansion. L'œil plonge instantanément à plusieurs milles de distance ; un seul son retentit à la fois dans des villes entières ; la lumière ne s'infiltre pas graduellement, elle inonde d'un jet la nature entière.

IX.

L'eau, à son tour, quel ressort pourrait-elle avoir sans le secours de l'air ? Doutes-tu que ces jets, qui du fond et du centre de l'arène s'élancent jusqu'au faîte de l'amphithéâtre, ne soient produits par le ressort de l'eau ? Or, il n'est ni pompe ni ma chine qui puisse lancer ou faire jaillir l'eau plus fort que ne le fait l'air. L'air se prête à tous les mouvements de l'eau qui, par le mélange et la pression de ce fluide, se soulève, lutte en cent façons contre sa propre nature, et monte, toute créée qu'elle est pour descendre. Par exemple : un navire qui s'enfonce à mesure qu'on le charge ne fait-il pas voir que ce n'est point l'eau qui l'empêche d'être submergé, mais l'air ? Car l'eau céderait, et ne pourrait soutenir un poids quelconque, si elle-même n'était soutenue. Un disque qu'on jette de haut sur un bassin d'eau ne s'enfonce pas, il rejaillit ; comment cela, si ce n'est l'air qui le repousse ? Et la voix, par quel moyen passe rait-elle à travers l'épaisseur des murs, si dans les matières solides même il ne se trouvait de l'air pour recevoir et transmettre le son qui frappe du dehors ? Oui, l'air n'agit pas seulement sur les surfaces, il pénètre l'intérieur des corps, ce qui lui est facile, parce que ses parties ne sont jamais séparées, et qu'à travers tout ce qui semble le diviser il conserve sa cohérence. L'interposition des murailles, des montagnes les plus hautes, est un obstacle entre l'air et nous, mais, non entre ses molécules ; elle ne nous ferme que les voies par où nous aurions pu le suivre.

X.

L'air traverse les corps même qui le divisent, et non seulement il se répand et reflue autour des milieux solides, mais ces milieux sont même perméables pour lui : il s'étend depuis l'éther le plus diaphane jusqu'à notre globe ; plus mobile, plus délié, plus élevé que la terre et que l'eau, il est plus dense et plus pesant que l'éther. Froid par lui-même et sans clarté, la chaleur et la lumière lui viennent d'ailleurs. Mais il n'est pas le même dans tout l'espace qu'il occupe ; il est modifié par ce qui l'avoisine. Sa partie supérieure est d'une sécheresse et d'une chaleur extrêmes, et par cette raison raréfiée au dernier point, à cause de la proximité des feux éternels, et de ces mouvements si multipliés des astres, et de l'incessante circonvolution du ciel. La partie de l'air la plus basse et la plus proche du globe est dense et nébuleuse, parce qu'elle reçoit les émanations de la terre. La région moyenne tient le milieu, si on la compare aux deux autres, pour la sécheresse et la ténuité ; mais elle est la plus froide des trois. Car la région supérieure se ressent de la chaleur et du voisinage des astres ; la région basse aussi est attiédie d'abord par les exhalaisons terrestres, qui lui apportent beaucoup d'éléments chauds, puis par la réflexion des rayons solaires qui, aussi haut qu'ils peuvent remonter, adoucissent sa température doublement réchauffée ; enfin, au moyen de l'air même expiré par les animaux et les végétaux de toute espèce, lequel est empreint de chaleur, puis que sans chaleur rien ne saurait vivre. Joins à cela les feux artificiels et visibles, et ceux qui, couvant sous la terre, font parfois éruption, ou brûlent incessamment loin de tout regard dans leurs innombrables et mystérieux foyers. Ajoute les émanations de tant de pays fertiles, qui doivent avoir une certaine chaleur, le froid étant un principe de stérilité, et la chaleur, de reproduction. Il s'ensuit que la moyenne partie de l'air, soustraite à ces influences, garde la température froide, puis que, de sa nature, l'air est froid.

XI.

De ces trois régions de l'air, l'inférieure est la plus variable, la plus inconstante, la plus capricieuse. C'est dans le voisinage du globe que l'air est le plus agissant, comme aussi le plus passif, qu'il cause et éprouve le plus d'agitation, sans toutefois qu'il soit affecté partout de la même manière : son état change selon les lieux ; l'oscillation et le désordre ne sont que partiels. Les causes de ces changements et de cette inconstance sont dues quelquefois à la terre, dont les diverses positions influent puissamment sur la température de l'air ; quelquefois au cours des astres, et au soleil plus qu'à tout autre ; car il règle les saisons, et amène, par sa proximité ou son éloignement, les hivers et les étés. Après le soleil, c'est la lune qui a le plus d'influence. De leur côté, les étoiles n'influent pas moins sur la terre que sur l'air qui l'environne ; leur lever ou leur coucher contrariés occasionnent les froids, les pluies et les autres intempéries d'ici-bas. Ces préliminaires étaient indispensables avant de parler du tonnerre, de la foudre et des éclairs ; puisque c'est dans l'air que se passent ces phénomènes, il fallait expliquer la nature de cet élément pour concevoir plus aisément quel est son rôle actif ou passif.

XII.

Il s'agit donc d'un triple phénomène, l'éclair, la foudre et le tonnerre, lequel, produit en même temps, n'est que plus tard perçu par l'oreille. L'éclair montre le feu, la foudre le lance. L'un n'est, pour ainsi dire, qu'une menace, qu'un effort sans résultat ; l'autre est un coup qui frappe. Ici sur certains points tout le monde est d'accord ; sur d'autres, les opinions sont diverses. Chacun convient que ces trois phénomènes sont formés dans les nuages et par les nuages, et en outre que l'éclair et la foudre sont ou semblent être du feu. Passons aux points sur lesquels on dispute. Le feu, disent les uns, réside dans les nuages ; instantané selon d'autres, il n'était pas avant l'explosion. Les premiers se partagent encore sur la cause productrice du feu ; celui-ci le fait venir de la lumière, celui-là des rayons du soleil qui, par leurs entrecroisements et leurs retours rapides et multipliés sur eux-mêmes, font jaillir la flamme. Anaxagore prétend que ce feu émane de l'éther, et que de ses hautes régions embrasées il tombe une infinité de particules ignées qui couvent longtemps au sein des nuages. Aristote croit, non pas que le feu s'amasse longtemps d'avance, mais qu'il éclate au moment même où il se forme ; sa pensée peut se résumer ainsi : deux parties du monde, la terre et l'eau, occupent la partie inférieure de l'espace ; chacune a ses émanations. Les vapeurs de la terre sont sèches et de même nature que la fumée : de là les vents, le tonnerre, la foudre ; l'eau n'exhale que de l'humide ; elle produit les pluies et les neiges. Ces vapeurs sèches de la terre, dont l'accumulation engendre les vents, s'échappent latéralement des nuages sous une compression violente, puis de là frappent sur un large espace les nuages voisins ; et cette percussion produit un bruit analogue à celui de la flamme qui pétille dans nos foyers en dévorant du bois trop vert. Dans le bois vert, les bulles d'un air chargé de principes humides crèvent par l'action de la flamme ; dans l'atmosphère, les vapeurs qui s'élancent, comme je viens de le dire, des nuages comprimés, vont frapper d'autres nuages, et ne sauraient faire explosion ni jaillir sans bruit. Le bruit diffère selon la différence du choc. Pourquoi ? parce que les nuages sont plus larges de flancs les uns que les autres. Du reste, c'est l'explosion des vapeurs comprimées qui est le feu : on l'appelle éclair ; il est plus ou moins vif, et s'embrase par un choc léger. Nous voyons l'éclair avant d'entendre le son, parce que le sens de la vue, plus prompt, devance de beaucoup celui de l'ouïe.

XIII.

Quant à l'opinion de ceux qui veulent que le feu soit en dépôt dans les nuages, beaucoup de raisons en prouvent la fausseté. Si ce feu tombe du ciel, comment n'en tombe-t-il pas tous les jours, puisque la température y est constamment embrasée ? D'ailleurs les partisans de cette opinion n'expliquent pas la chute du feu qui tend par sa nature à monter. Car ce feu éthéré est bien différent de celui que nous allumons, d'où il tombe des étincelles dont le poids peut être apprécié. Aussi, ces étincelles ne descendent pas ; elles sont entraînées et précipitées. Rien de semblable n'a lieu dans ce feu si pur de l'éther : il ne contient rien qui le porte en bas ; s'il s'en détachait la moindre parcelle, le tout serait en péril ; car ce qui tombe en détail peut bien aussi crouler en masse. Et puis, cet élément, que sa légèreté empêche tous les jours de tomber, comment, s'il recelait des particules pesantes, eût-il pu séjourner à cette hauteur d'où il devait naturellement tomber ? « Mais quoi ! ne voit-on pas tous les jours des feux se porter en bas, ne fût-ce que la foudre même dont il est ici question ? » J'en conviens ; mais c'est que ces feux, ne se meuvent pas d'eux-mêmes ; ils sont emportés. La puissance qui les entraîne n'est point dans l'éther : car là, point de violence qui comprime ou qui brise ; rien d'inaccoutumé ne s'y produit. C'est le règne de l'ordre ; et ce feu épuré, posté comme gardien aux extrêmes frontières du ciel, circule magnifiquement autour de l'univers en marche : il ne saurait descendre ni être chassé par une force étrangère, parce que l'éther n'a place pour aucun corps hétérogène ; ce qui est ordre et fixité n'admet point la lutte.

XIV.

On objecte que nous disons, pour expliquer la formation des étoiles filantes, que peut-être quelques parties de l'air attirent à elles le feu des régions supérieures, et s'enflamment ainsi par le contact. Mais bien autre chose est de dire que le feu tombe de l'éther contre sa tendance naturelle, ou de vouloir que de la région ignée la chaleur passe aux régions inférieures et y excite un embrasement : car le feu ne tombe pas de l'éther, chose impossible, il se forme dans l'air même. Ne voyons-nous pas dans nos villes, lorsqu'un incendie se propage au loin, des bâtiments isolés, longtemps échauffés, prendre feu d'eux-mêmes ? Il est donc vraisemblable que la région supérieure de l'air, qui a la propriété d'attirer le feu à elle, s'allume sur quelque point par la chaleur de l'éther placé au-dessus ; nécessairement entre la couche inférieure de l'éther et la couche supérieure de l'air, il existe quelque analogie, et de l'un à l'autre il n'y a pas dissemblance, parce qu'il ne s'opère point de transition brusque dans la nature. Au point de contact le mélange des deux qualités se fait insensiblement, de sorte qu'on ne saurait dire où l'air commence et où l'éther finit.

XV.

Quelques stoïciens estiment que l'air, pouvant se convertir en feu et en eau, ne tire point d'une source étrangère de nouveaux éléments d'inflammation, vu qu'il s'allume par son propre mouvement ; et lorsqu'il brise les parois épaisses et compactes des nuages, il faut bien que l'explosion de ces grands corps soit accompagnée d'un bruit qui s'entende au loin. Or, cette résistance des nuages, qui cèdent difficilement, contribue à rendre le feu plus énergique, tout comme la main aide le fer à couper, quoique ce soit le fer qui coupe.

XVI.

Mais quelle différence y a-t-il entre l'éclair et la foudre ? La voici : l'éclair est un feu largement développé ; la foudre, un feu concentré et lancé impétueusement. S'il nous arrive de remplir d'eau le creux de nos mains réunies, puis de les serrer vivement, le fluide en jaillit comme d'un siphon. Quelque chose de semblable se produit dans l'atmosphère. Figure-toi que des nuages étroitement comprimés entre eux l'air interposé s'échappe et s'enflamme par le choc, chassé qu'il est comme par une machine de guerre. Nos batistes même et nos scorpions ne lancent les traits qu'avec bruit.

XVII.

Quelques-uns pensent que c'est l'air qui, en traversant des nuages froids et humides, rend un son, comme le fer rouge qui siffle quand on le plonge dans l'eau. De même donc que le métal incandescent ne s'éteint qu'avec un long frémissement ; ainsi, dit Anaximène, l'air qui s'engouffre dans la nue produit le tonnerre, et dans sa lutte contre les nuages qui l'arrêtent et qu'il brise, allume l'incendie par sa fuite même.

XVIII.

Anaximandre attribue tout au vent. « Le tonnerre, dit-il, est le son produit par le choc d'un nuage. Pourquoi ce son est-il plus ou moins fort ? Parce que le choc a plus ou moins de force. Pourquoi tonne-t-il même par un ciel serein ? Parce qu'alors aussi le vent traverse l'air, qu'il agite et déchire. Mais pourquoi tonne-t-il quelquefois sans éclair ? C'est que le vent, trop ténu et trop faible pour produire la flamme, a pu du moins, produire le son. Qu'est-ce donc proprement que l'éclair ? Un ébranlement de l'air qui se sépare, qui s'affaisse sur lui-même et ouvre les voies à une flamme peu active qui ne serait pas sortie toute seule. Qu'est-ce que la foudre ? le brusque élan d'un vent plus vif et plus dense. »

XIX.

Anaxagore prétend « que tout s'opère ainsi, quand l'éther envoie quelque principe actif dans les régions inférieures ; qu'alors le feu étant poussé contre un nuage froid, on entend le tonnerre. S'il déchire la nue, l'éclair brille ; du plus ou moins d'énergie de ce feu naît la foudre ou l'éclair. »

XX.

Selon Diogène d'Apollonie, « certains tonnerres se forment du feu, d'autres sont dus au vent. Ceux qui naissent du feu le feu les précède et les annonce ; le vent produit ceux qui retentissent sans trace de flamme. » J'accorde que l'un des deux phénomènes peut avoir lieu sans l'autre, sans pourtant qu'il y ait deux forces distinctes, l'une et l'autre pouvant produire les mêmes effets. Car qui niera qu'une impulsion violente de l'air puisse produire la flamme comme elle produit le son ? Qui ne conviendra en outre que le feu quelquefois, tout en brisant les nuages, peut ne pas en jaillir, si, quand il en a déchiré quelques-uns, un trop grand amas d'autres nues vient à l'étouffer ? Ainsi alors le feu se dissipe sous forme de vent, et perd l'éclat qui le décèle, tandis qu'il enflamme ce qu'il a pu rompre dans l'intérieur de sa prison. Ajoute que, nécessairement, la foudre dans son essor chasse l'air devant elle, et que le vent la précède et la suit, quand elle fend l'air avec tant de violence. Voilà pourquoi tous les corps, avant d'être atteints par la foudre, sont ébranlés par la vibration du vent que le feu pousse devant lui.

XXI.

Congédions ici nos guides, et commençons à marcher par nous-mêmes, à passer des faits avoués aux faits problématiques. Or, qu'y a-t-il d'avoué ? Que la foudre est du feu aussi bien que l'éclair, lequel n'est autre chose qu'une flamme qui serait foudre, si elle avait plus d'énergie. Ce n'est point la nature de ces deux météores qui diffère, c'est leur degré d'impétuosité. La foudre est du feu ; c'est ce que prouve la chaleur qui l'accompagne ; et, à défaut de chaleur, c'est ce que prouveraient ses effets ; car souvent la foudre a causé de vastes incendies. Elle a consumé des forêts, des rues entières dans nos villes ; quelquefois même ce qu'elle n'a pas frappé n'en porte pas moins une empreinte de feu, d'autres fois comme une teinte de suie. Que dirai-je de l'odeur sulfureuse qu'exhalent tous les corps foudroyés ? Il est donc constant que la foudre et l'éclair sont du feu, et qu'ils ne diffèrent l'un de l'autre que par le chemin qu'ils parcourent. L'éclair est la foudre qui ne descend pas jusqu'au globe ; et réciproquement on peut dire : la foudre est l'éclair qui vient toucher le globe. Ce n'est pas comme vain exercice de mots que je prolonge cette distinction, c'est pour mieux prouver l'affinité, la parité de caractère et de nature des deux phénomènes. La foudre est quelque chose de plus que l'éclair ; retournons la phrase : l'éclair est à peu de chose près la foudre.

XXII.

Puisqu'il est établi que tous deux sont des substances ignées, voyons comment le feu s'engendre parmi nous, car il s'engendre de même dans les régions célestes. Le feu, sur la terre, naît de deux façons : d'abord par la percussion, quand on le fait jaillir de la pierre ; puis par le frottement, comme celui qui s'opère avec des morceaux de bois. Toute espèce de bois pourtant n'est pas propre à donner ainsi du feu : c'est la propriété de quelques-unes comme du laurier, du lierre, et de certaines autres connues des bergers pour cet usage. Il peut donc se faire que les nuages s'enflamment de même, ou par percussion, ou par frottement. Vois avec quelle force s'élancent les tempêtes, avec quelle impétuosité se roulent les tourbillons. Tout ce que le fléau trouve sur son passage est fracassé, emporté, dispersé au loin. Faut-il s'étonner qu'une telle force fasse jaillir du feu, ou de matières étrangères, ou d'elle-même ? On conçoit quelle intensité de chaleur doivent éprouver les corps qu'elle froisse dans sa course. Toutefois, on ne saurait attribuer à ces météores une action aussi énergique qu'aux astres, dont la puissance est non moins grande qu'incontestée.

XXIII.

Peut-être aussi des nuages poussés contre d'autres nuages par l'impulsion légère d'un vent qui fraîchit doucement, produisent un feu qui luit sans éclater ; car il faut moins de force pour former l'éclair que pour engendrer la foudre. Tout à l'heure nous avons reconnu à quel haut degré de chaleur certains corps s'élèvent au moyen du frottement. Or, lorsque l'air, qui peut se convertir en feu, agit sur lui-même de toute sa force par le frottement, on peut admettre avec vraisemblance qu'il en jaillisse une flamme passagère et prompte à s'évaporer, comme ne sortant pas d'une matière solide où elle puisse prendre consistance. Elle ne fait donc que passer, elle n'a de durée que celle du trajet qu'elle parcourt, jetée dans l'espace sans aliments.

XXIV.

On me demandera comment, lorsque nous attribuons au feu une tendance vers les régions supérieures, la foudre néanmoins se dirige vers la terre. Y a-t-il erreur dans notre énoncé ? On voit en effet le feu monter aussi bien que descendre. — Ces deux mouvements sont possibles : car le feu naturellement surgit en pyramide, et sauf obstacle, il tend à monter, comme naturellement aussi l'eau se porte en bas ; si pourtant une force étrangère intervient qui la refoule en sens contraire, elle s'élève vers le lieu même d'où elle est tombée en pluie. Ce qui fait que la foudre tombe, c'est la même puissance irrésistible qui l'a lancée. Le feu éprouve alors ce qui arrive aux arbres dont la cime encore souple peut être courbée jusqu'à toucher le sol, mais laissée à elle-même, reprend sa place tout d'un élan. Il ne faut pas considérer les choses dans un état contraire au vœu de leur nature. Laisse au feu sa direction libre, il regagnera le ciel, séjour des corps les plus légers ; si quelque chose vient à l'entraîner et à faire dévier son essor, il ne suit plus sa nature, il devient passif.

XXV.

« Vous dites ; objecte-t-on encore, que le frottement des nuées produit la flamme, lorsqu'elles sont humides ou même chargées d'eau : mais comment la flamme peut-elle se développer dans ces nuées, qui semblent aussi incapables que l'eau même de la produire ? »

XXVI.

La flamme naît dans les nuages [1546] qui d'abord ne sont pas de l'eau, mais un air condensé, disposé à former de l'eau ; la transformation n'est pas faite, mais elle est prochaine et toute prête. Il ne faut pas croire que l'eau se rassemble dans les nuages pour s'en épancher ensuite ; sa formation, sa chute sont simultanées. Et puis quand j'accorderais qu'un nuage est humide et plein d'eau toute formée, rien n'empêcherait que le feu sortît de l'humide et même, chose plus étonnante, du principe de l'humide, de l'eau. Des philosophes ont soutenu que rien ne peut se convertir en feu sans s'être d'abord converti en eau. Il se peut donc qu'un nuage, sans que l'eau qu'il contient change de nature, lance du feu de quelqu'une de ses parties, comme le bois qui souvent brûle d'un côté et sue de l'autre. Je ne nie pas que les deux éléments soient incompatibles et que l'un détruise l'autre ; mais où le feu est plus fort que l'eau, il l'emporte, comme aussi quand c'est l'eau qui relativement surabonde, le feu demeure sans effet. Voilà pourquoi le bois vert ne brûle point. Ce qui importe, c'est donc la quantité de l'eau, qui, trop faible, ne résiste pas et n'empêche point l'action du feu. Comment n'en serait-il pas ainsi ? Du temps de nos pères, au rapport de Posidonius, tandis qu'une île surgissait dans la mer Égée, la mer écumait pendant le jour, et de la fumée s'élevait de ses profondeurs ; ce qui trahissait l'existence d'un feu qui ne se montra pas continu, mais qui éclatait par intervalles comme la foudre, chaque fois que l'ardeur du foyer sous-marin soulevait le poids des eaux qui le couvraient. Ensuite il vomit des pierres, des rocs entiers, les uns intacts et chassés par l'air avant leur calcination, les autres rongés et réduits à la légèreté de la pierre ponce ; enfin la crête d'une montagne brûlée parut au-dessus de la mer. Peu à peu sa hauteur s'accrut, et ce rocher s'agrandit au point de former une île. De notre temps, sous le consultât de Valérius Asiaticus, le même fait s'est renouvelé. Pourquoi rapporté-je ces exemples ? Pour faire voir que ni la mer n'a pu éteindre le feu sur lequel elle passait, ni cette énorme masse d'eau l'empêcher de se faire jour. C'est de deux cents brasses de profondeur, au dire d'Asclépiodote, disciple de Posidonius, que, fendant l'obstacle des flots, le feu a fait éruption. Si cet immense volume d'eau n'a pu étouffer une colonne de flamme qui jaillissait du fond de la mer, combien moins la subtile vapeur, les gouttelettes des nuées éteindraient-elles le feu dans l'atmosphère ? Elles apportent si peu d'empêchement à la formation des feux, qu'on ne voit luire la foudre que dans un ciel chargé d'eau ; elle n'a pas lieu par un temps serein. Un jour pur n'a pas à la redouter, non plus que les nuits qui ne sont pas obscurcies de nuages. « Mais quoi ? Dans un ciel illuminé d'étoiles, et par la nuit la plus calme, ne voit-on pas quelquefois des éclairs ? » Oui ; mais sois sûr qu'un nuage se trouve au point d'où part l'éclair, nuage que la sphéricité du globe ne nous laisse pas voir. Ajoute qu'il se peut que des nuages bas et voisins du sol fassent jaillir de leur choc un feu qui, poussé plus haut, se montre dans la partie pure et sereine du ciel ; mais toujours naît-il dans une région plus grossière.

XXVII.

On a distingué plusieurs espèces de tonnerres. Il en est qui s'annoncent par un murmure sourd comme celui qui précède les tremblements de terre, et que produit le vent captif et frémissant. Comment pense-t-on que se forme ce phénomène ? le voici. Quand l'air se trouve enfermé dans un amas de nuages où il se roule de cavités en cavités, il fait entendre une sorte de mugissement rauque, uniforme et continu. Et comme, si elles sont chargées d'éléments humides, les régions basses du ciel lui ferment passage, les tonnerres de cette espèce sont les préludes d'une pluie imminente. Il est une autre espèce de tonnerre dont le son est aigu, aigre même, pour mieux dire, tel que l'éclat d'une vessie qu'on brise sur la tête de quelqu'un. Ces tonnerres ont lieu lorsqu'un nuage roulé en tourbillons crève et chasse l'air qui le distendait. Ce bruit se nomme proprement fracas : aussi soudain qu'éclatant, il terrasse et tue les hommes ; quelques-uns, sans perdre la vie, demeurent étourdis et sont tout à fait hors d'eux-mêmes, *attoniti* ; ainsi appelle-t-on ceux que l'explosion du feu céleste a jetés dans l'aliénation. Cette explosion peut venir aussi d'un air enfermé dans le creux d'un nuage et qui, raréfié par son mouvement même, se dilate, puis, cherchant à se faire une plus large place, résonne contre les parois qui l'enveloppent. Car enfin, si nos deux mains frappées l'une contre l'autre retentissent avec force, la collision de deux nuées ne doit-elle pas produire un bruit d'autant plus grand que ce sont de plus grandes masses qui s'entrechoquent ?

XXVIII.

On voit, me dira-t-on, des nuages heurter des montagnes, sans qu'il en résulte de retentissement. Mais d'abord toute collision de nuages ne produit pas de bruit ; il faut pour cela une aptitude, une disposition spéciale. Ce n'est pas en battant des mains sur le revers qu'on peut applaudir, c'est en frappant paume contre paume ; il y a même une grande différence selon qu'on frappe du creux ou du plat des mains. Ensuite, il ne suffit pas que les nuages se meuvent, il faut qu'ils soient poussés violemment par une sorte de tourmente. D'ailleurs, la montagne ne fend pas la nue ; elle en change seulement la direction, et en émousse les parties saillantes. Il ne suffit pas que l'air sorte d'une vessie gonflée, pour rendre un son ; si c'est le fer qui la divise, l'air s'échappe sans frapper l'oreille ; pour qu'il y ait explosion, il faut la rompre, non la couper. J'en dis autant des nuages ; sans un déchirement brusque et violent, ils ne retentissent pas [1547] . Ajoute que les nuages poussés contre une montagne ne se brisent point ; ils se moulent autour de certaines parties de la montagne, autour des arbres, des arbustes, des roches escarpées et des pics ; c'est ainsi qu'ils se disséminent et laissent fuir sur mille points l'air qu'ils peuvent contenir : à moins qu'il n'éclate dans tout son volume, il ne fait pas explosion. Ce qui le prouve, c'est que le vent qui se divise en traversant les branches des arbres, siffle et ne tonne pas. Il faut un coup qui frappe au loin et qui disperse simultanément le nuage tout entier, pour que le son éclate, pour que le tonnerre se fasse entendre.

XXIX.

De plus, l'air est de sa nature propre à transmettre les sons. Qu'est-ce, en effet, que le son ? Rien autre chose que la percussion de l'air. Il faut donc que les nuages qui viennent à être déchirés soient creux et distendus ; car tu vois qu'il y a bien plus de sonorité dans un espace vide que dans un espace plein, dans un corps distendu que dans celui qui ne l'est pas. Ainsi, les tambours ne résonnent que parce que l'air qui réagit est repoussé contre leurs parois intérieures ; et le bruit aigu des cymbales n'est dû qu'à la compression de l'air dans leurs cavités.

XXX.

Quelques philosophes, et entre autres Asclépiodote, pensent que le tonnerre et la foudre peuvent sortir aussi du choc de certains autres corps. Jadis l'Etna, dans une de ses grandes éruptions, vomit une immense quantité de sables brûlants. Le jour fut voilé de poussière, et une nuit soudaine épouvanta les peuples. En même temps, dit-on, il y eut quantité de tonnerres et de foudres formés du concours de corps arides, et non par les nuages, qui vraisemblablement avaient tous dis paru de cette atmosphère enflammée. Cambyse envoya contre le temple de Jupiter Ammon une armée, qui fut d'abord cou verte, puis ensevelie sous des sables que l'Auster soulevait et laissait retomber comme une neige. Alors aussi, probablement, il jaillit des foudres et des tonnerres du frottement des sables entrechoqués. Cette opinion ne répugne pas à notre théorie ; car nous avons dit que la terre exhale des corpuscules de deux espèces, secs et humides, qui circulent dans toute l'atmosphère. Dans les cas dont il est ici question, il se forme des nuages plus compacts et plus denses qu'un simple tissu de vapeurs. Celui-ci peut se briser avec retentissement ; mais les phénomènes cités plus haut et qui remplissent l'air d'incendies qui le vaporisent, ou de vents qui balayent au loin le sol, nécessairement produisent le nuage avant le son. Or, le nuage peut se former d'éléments secs comme d'éléments humides, puisqu'il n'est, avons-nous dit, que la condensation d'un air épais.

XXXI.

Au reste, pour l'observateur, les effets de la foudre sont merveilleux, et ne permettent pas de douter qu'il n'y ait dans ce météore une énergie surnaturelle, inappréciable à nos sens [1548] . Elle fond l'argent dans une bourse qu'elle laisse intacte et sans l'endommager ; l'épée se liquéfie dans le fourreau demeuré entier, et le fer du javelot coule en fusion le long du bois qui n'est pas touché. Les tonneaux se brisent sans que le vin s'é coule ; mais cette consistance du liquide ne dure que trois jours. Un fait à remarquer encore, c'est que les hommes et les animaux que la foudre, a frappés ont la tête tournée vers l'endroit d'où elle est sortie, et que les rameaux des arbres qu'elle a renversés se tiennent droits, dirigés dans le même sens. Enfin, les serpents et les autres animaux, dont le venin est mortel, une fois atteints par la foudre, perdent toute propriété malfaisante. D'où le savez-vous ? me dira-t-on. C'est que dans les cadavres saturés de poison il ne naît pas de vers, et qu'au cas dont je parle, les vers pullulent au bout de quelques jours.

XXXII.

Que dirons-nous de la vertu qu'a la foudre de pronostiquer, non pas un ou deux faits à venir, mais souvent l'ordre et la série entière des destins, et cela en caractères non équivoques, bien plus frappants que s'ils étaient écrits ? Or, voici en quoi nous ne sommes pas d'accord avec les Toscans, consommés dans l'interprétation de ces phénomènes. Selon nous [1549] , c'est parce qu'il y a collision de nuages, que la foudre fait explosion ; selon eux, il n'y a collision que pour que l'explosion se fasse. Comme ils rapportent tout à Dieu, ils sont persuadés, non que les foudres annoncent l'avenir parce qu'elles sont formées, mais qu'elles sont formées parce qu'elles doivent annoncer l'avenir. Au reste, elles se produisent de la même manière, que le pronostic en soit la cause ou la conséquence. Mais comment la foudre présage-t-elle l'avenir, si ce n'est pas Dieu qui l'envoie ? Comment les oiseaux, qui n'ont pas pris tout exprès leur vol pour s'offrir à nos yeux, donnent-ils des auspices favorables ou contraires ? C'est encore Dieu, disent les Toscans, qui a dirigé leur vol. — Tu lui supposes trop de loisir et tu l'occupes de bien chétifs détails, si tu crois qu'il arrange des songes pour tel homme, des entrailles de victimes pour tel autre. Sans doute l'intervention divine a lieu dans nos destinées ; mais ce n'est pas Dieu qui dirige les ailes de l'oiseau, et qui dispose les entrailles des animaux sous la hache du sacrificateur. Le destin se déroule d'une tout autre manière : il envoie d'avance et partout des indices précurseurs, dont les uns nous sont familiers, les autres, inconnus. Tout événement devient le pronostic d'un autre ; les choses fortuites seules et qui s'opèrent en dehors de toute règle, ne donnent point prise à la divination. Ce qui procède d'un certain ordre peut dès lors se prédire. On demandera pourquoi l'aigle a le privilège d'annoncer les grands événements, le corbeau de même, et d'autres oiseaux en fort petit nombre, tandis que la voix des autres n'a rien de prophétique ? C'est qu'il y a des faits qui ne sont pas encore entrés dans le corps de la science, et d'autres qui ne peuvent même y entrer, parce qu'ils se passent trop loin de nous. Du reste, il n'est aucun être dont les mouvements et la rencontre ne présagent quelque chose. Si tous les indices ne sont pas remarqués, quelques-uns le sont. L'auspice a besoin de l'observateur ; il relève de l'homme qui y dirige son attention ; ceux qui passent inaperçus n'en avaient pas moins leur valeur. L'influence des cinq planètes est consignée dans les observations des Chaldéens. Mais dis-moi, tant de milliers d'astres luiraient-ils en vain dans le ciel ? Qu'est-ce qui égare les tireurs d'horoscopes, sinon leur système de ne rattacher notre sort qu'à cinq astres seulement ; quand pas un de tous ceux qui brillent sur nos têtes n'est sans quelque influence sur notre avenir ? Les astres les plus rapprochés de l'homme agissent peut-être plus immédiatement sur lui, tout comme ceux qui, par la fréquence de leurs mouvements, le frappent sous des aspects plus variés [1550] . Mais ceux même qui sont immobiles, ou que leur rapidité, égale à celle de tout le monde céleste, fait paraître tels, ne laissent pas d'avoir droit et empire sur nous. Regarde au vol des oiseaux, puis agis en chaque chose selon le devoir [1551] . Mais il n'est pas plus facile d'apprécier ces influences, qu'il n'est permis de le mettre en doute.

XXXIII.

Revenons aux foudres, dont la science forme trois parties : l'observation, l'interprétation, la conjuration. La première se règle sur la formule ; la seconde constitue la divination ; la troisième a pour but de rendre les dieux propices, en les suppliant d'envoyer les biens, d'écarter les maux, c'est-à-dire de confirmer leurs promesses ou de retirer leurs menaces.

XXXIV.

On attribue à la foudre une vertu souveraine, parce que tout autre présage est annulé dès qu'elle intervient. Tous ceux qu'elle donne sont irrévocables, et ne peuvent être modifiés par aucun autre signe. Tout ce qu'on voit de menaçant dans, les entrailles des victimes, dans le vol des oiseaux, la foudre propice l'efface ; et rien de ce que la foudre annonce n'est démenti ni par le vol des oiseaux, ni par les entrailles des victimes. Ici la doctrine me semble en défaut. Pourquoi ? Parce qu'il n'y a rien de plus vrai que le vrai. Si les oiseaux ont prédit l'avenir, il est impossible que cet auspice soit neutralisé par la foudre ; ou, s'il peut l'être, ils n'ont pas prédit l'avenir. Car ici ce n'est pas l'oiseau et la foudre, ce sont deux signes de vérité que je compare ; s'ils prophétisent vrai tous les deux, l'un vaut l'autre. Si donc l'intervention de la foudre ruine les indications du sacrificateur ou de l'augure, c'est qu'on a mal inspecté les entrailles, mal observé le vol des oiseaux. Le point n'est pas de savoir lequel de ces deux signes a le plus de force et de vertu ; si tous deux ont dit vrai, sous ce rapport ils sont égaux. Que l'on dise : La flamme a plus de force que la fumée, on aura raison ; mais, comme indice du feu, la fumée vaut la flamme. Si donc on entend que chaque fois que les victimes annonceront une chose et la foudre une autre, la foudre doive obtenir plus de créance, peut-être en demeurerai-je d'accord ; mais si l'on veut que, les premiers signes ayant prédit la vérité, un coup de foudre réduise tout à néant et obtienne exclusivement foi, on a tort. Pourquoi ? Parce que peu importe le nombre des auspices, le destin est un ; si un premier auspice l'a bien interprété, un second ne le détruit pas : le destin est le même.

Encore une fois, il est indifférent que ce soit le même présage ou un autre qu'on interroge, dès qu'on l'interroge sur la même chose.

XXXV.

La foudre ne peut changer le destin. Comment cela ? C'est qu'elle-même fait partie du destin. A quoi donc servent les expiations et les sacrifices, si les destins sont immuables ? Permets-moi de défendre la secte rigide des philosophes qui excluent ces cérémonies, et ne voient, dans les vœux qu'on adresse au ciel, que la douce illusion d'un esprit malade. La loi du destin s'exécute selon d'autres voies ; nulle prière ne le touche, il n'est pitié ni recommandation qui le fléchisse. Il maintient irrévocablement son cours ; l'urne s'épanche dans la direction marquée. Comme l'eau rapide des torrents ne revient point sur elle-même, ne s'arrête jamais, parce que les flots qui suivent précipitent les premiers ; ainsi la chaîne des événements obéit à une rotation éternelle, et la première loi du destin c'est de rester fidèle à ses décrets.

XXXVI.

Que comprends-tu, en effet, sous ce mot destin ? C'est, selon moi, l'universelle nécessité des choses et des faits, que nulle puissance ne saurait briser. Croire que des sacrifices, que l'immolation d'une brebis blanche le désarment, c'est méconnaître les lois divines. Il n'y a pas jusqu'au sage dont la décision, vous le dites, ne soit immuable ; que sera-ce de Dieu ? Le sage sait ce qui vaut le mieux pour l'instant présent ; mais tout est présent pour la divinité. Néanmoins je veux bien ici plaider la cause de ceux qui estiment que l'on peut conjurer la foudre, et qui ne doutent point que les expiations n'aient quelquefois la vertu d'écarter les périls, ou de les diminuer, ou de les suspendre.

XXXVII.

Quant aux conséquences de ces principes, je les suivrai plus tard. Pour le moment, un point commun entre les Étrusques et nous, c'est que nous aussi nous pensons que les vœux sont utiles, sans que le destin perde rien de son action et de sa puissance. Car il est des chances que les dieux immortels ont laissées indécises, en ce sens que pour les rendre heureuses, quelques prières, quelques vœux suffisent. Ces vœux alors ne vont pas à rencontre du destin, ils entrent dans le destin même. La chose, dit-on, doit ou ne doit pas arriver. Si elle doit arriver, quand même vous ne formeriez point de vœux, elle aura lieu. Si elle ne doit pas arriver, vous auriez beau en former, elle n'aura pas lieu. Faux dilemme ; car voici, entre ces deux termes, un milieu qu'on oublie, savoir, que la chose peut arriver si l'on forme des vœux. Mais, dit-on encore, il est aussi dans la destinée que des vœux soient ou ne soient pas formés.

XXXVIII.

Quand je donnerais les mains à ce raisonnement et confesserais que les vœux eux-mêmes sont compris dans l'ordre du destin, il s'ensuivrait que ces vœux sont inévitables. Le destin de tel homme est qu'il sera savant, s'il étudie ; mais ce même destin veut qu'il étudie : donc il étudiera. Un tel sera riche, s'il court la mer ; mais cette destinée, qui lui promet des trésors, veut aussi qu'il coure la mer : donc il la courra. J'en dis autant des expiations. Cet homme échappera au péril, s'il détourne par des sacrifices les menaces du ciel ; mais il est aussi dans sa destinée de faire ces actes expiatoires ; aussi les fera-t-il. Voilà, d'ordinaire, par quelles objections on veut nous prouver que rien n'est laissé à la volonté humaine, que tout est remis à la discrétion du destin. Quand cette question s'agitera, j'expliquerai comment, sans déroger au destin, l'homme a aussi son libre arbitre. Pour le présent, j'ai résolu le problème de savoir comment, le cours du destin restant invariable, les expiations et les sacrifices peuvent conjurer les pronostics sinistres, puisque, sans combattre le destin, tout cela rentre dans ses lois. Mais, diras-tu, à quoi bon l'aruspice, dès que, indépendamment de ses conseils, l'expiation est inévitable ? L'aruspice te sert comme ministre du destin. Ainsi la guérison, quoiqu'on la juge due au destin, n'en n'est pas moins due au médecin, parce que c'est par ses mains que le bienfait du destin nous arrive.

XXXIX.

Il y a trois espèces de foudres, au dire de Cæcinna : les foudres de conseil, d'autorité, et les foudres de station. La première vient avant l'événement, mais après le projet formé, quand, méditant une action quelconque, nous sommes déterminés ou détournés par un coup de foudre. La seconde suit le fait accompli, et indique s'il est propice ou funeste. La troisième survient à l'homme en plein repos, qui n'agit ni ne projette aucune action ; celle-ci menace, ou promet, ou avertit. On l'appelle admonitrice ; mais je ne vois pas pourquoi cène serait pas la même que la foudre de conseil. C'est un conseil aussi que l'admonition ; toutefois il y a quelque nuance, et c'est pourquoi on les distingue. Le conseil engage ou dissuade ; l'admonition se borne à faire éviter un péril qui s'avance, quand, par exemple, nous avons à craindre un incendie, une trahison de nos proches, un complot de nos esclaves. J'y vois encore une distinction : le conseil est pour l'homme qui projette ; l'admonition pour celui qui n'a nul projet. Les deux faits ont leur caractère propre. On conseille celui qui délibère, on avertit spontanément.

XL.

Disons tout d'abord que les foudres ne diffèrent point par leur nature, mais par leurs significations. Il y a la foudre qui perce, celle qui renverse, celle qui brûle. La première est une flamme pénétrante, qui fuit par la moindre issue, grâce à la pureté et à la ténuité de ses éléments. La seconde est roulée en globe et renferme un mélange d'air condensé et orageux. Ainsi la première retourne et s'échappe par le trou où elle est entrée. La force de la seconde, s'étendant au large, brise au lieu de percer. Enfin, la foudre qui brûle contient beaucoup de particules terrestres ; c'est un feu plutôt qu'une flamme : aussi laisse-t-elle de fortes traces de feu empreintes sur les corps qu'elle frappe. Sans doute le feu est toujours inséparable de la foudre ; mais on appelle proprement ignée celle qui imprime des vestiges manifestes d'embrasement. Ou elle brûle, ou elle noircit. Or, elle brûle de trois manières : soit par inhalation, alors elle lèse ou endommage bien légèrement ; soit par combustion, soit par inflammation. Ces trois modes de brûler ne diffèrent que par le degré ou la manière. Toute combustion suppose ustion ; mais toute ustion ne suppose pas combustion, non plus que toute inflammation ; car le feu peut n'avoir agi qu'en passant. Qui ne sait que des objets brûlent sans s'enflammer, tandis que rien ne s'enflamme sans brûler ? J'ajouterai un seul mot : il peut y avoir combustion sans inflammation, tout comme l'inflammation peut s'opérer sans combustion.

XLI.

Je passe à cette sorte de foudre qui noircit les objets qu'elle frappe. Par là elle les décolore ou les colore. Pour préciser la différence, je dirai : Décolorer, c'est altérer la teinte sans la changer : colorer, c'est donner une autre couleur ; c'est, par exemple azurer, noircir ou pâlir. Jusqu'ici les Étrusques et les philosophes pensent de même ; mais voici le dissentiment : les Étrusques disent que la foudre est lancée par Jupiter, qu'ils arment de trois sortes de carreaux. La première, selon eux, est la foudre d'avis et de paix ; elle part du seul gré de Jupiter. C'est lui aussi qui envoie la seconde, mais sur l'avis de son conseil, les douze grands dieux convoqués [1552] . Cette foudre salutaire ne l'est pas sans faire quelque mal. La troisième est lancée par le même Jupiter, mais après qu'il a consulté les dieux qu'on nomme supérieurs et voilés. Cette foudre ravage, englobe et dénature impitoyablement tout ce qu'elle rencontre, choses publiques ou privées. C'est un feu qui ne laisse rien subsister dans son premier état.

XLII.

Ici, à première vue, l'antiquité se serait trompée. Car quoi de plus absurde que de se figurer Jupiter, du sein des nuages, foudroyant des colonnes, des arbres, ses propres statues quelquefois ; laissant les sacrilèges impunis, pour frapper des moutons, incendier des autels, tuer des troupeaux inoffensifs [1553] , et enfin consultant les autres dieux, comme incapable de prendre conseil de lui-même ? Croirai-je que la foudre sera propice et pacifique, lancée par Jupiter seul, et funeste, quand c'est l'assemblée des dieux qui l'envoie ? Si tu me demandes mon avis, je ne pense pas que nos ancêtres aient été assez stupides pour supposer Jupiter injuste, ou, à tout le moins, impuissant. Car de deux choses l'une : en lançant ces traits qui doivent frapper des têtes innocentes, et ne point toucher aux coupables, ou il n'a pas voulu mieux diriger ses coups, ou il n'a pas réussi. Dans quelle vue ont-ils donc émis cette doctrine ? C'était comme frein à l'ignorance, que ces sages mortels ont jugé la crainte nécessaire ; ils voulurent que l'homme redoutât un être supérieur à lui. Il était utile, quand le crime porte si haut son audace, qu'il y eût une force contre laquelle chacun trouvât la sienne impuissante. C'est donc pour effrayer ceux qui ne consentent à s'abstenir du mal que par crainte, qu'ils ont fait planer sur leur tête un Dieu vengeur et toujours armé.

XLIII.

Mais ces foudres qu'envoie Jupiter de son seul mouvement, pourquoi peut-on les conjurer, tandis que les seules funestes sont celles qu'ordonne le conseil des dieux délibérant avec lui [1554] ? Parce que si Jupiter, c'est-à-dire le roi du monde, doit à lui seul faire le bien, il ne doit pas faire le mal sans que l'avis de plusieurs l'ait décidé. Apprenez, qui que vous soyez, puissants de la terre, que ce n'est pas inconsidérément que le ciel lance ses feux ; consultez, pesez les opinions diverses, tempérez la rigueur des sentences [1555] , et n'oubliez pas que, pour frapper légitimement, Jupiter même n'a point assez de son autorité propre.

XLIV.

Nos ancêtres n'étaient pas non plus assez simples pour s'imaginer que Jupiter changeât de foudres. C'est une idée qu'un poète peut se permettre :

Il est un foudre encore, plus léger et plus doux,

Mêlé de moins de flamme et de moins de courroux :

Les dieux l'ont appelé le foudre favorable [1556]

Mais la haute sagesse de ces hommes n'est point tombée dans l'erreur qui se persuade que parfois Jupiter s'escrime avec des foudres de légère portée : ils ont voulu avertir ceux qui sont chargés de foudroyer les coupables, que le même châtiment ne doit pas frapper toutes les fautes ; qu'il y a des foudres pour détruire, d'autres pour toucher et effleurer, d'autres pour avertir par leur apparition.

XLV.

Ils n'ont pas même cru que le Jupiter adoré par nous au Capitole et dans les autres temples, lançât la foudre de sa main. Ils reconnaissent le même Jupiter que nous, le gardien et le modérateur de l'univers dont il est l'âme et l'esprit, le maître et l'architecte de cette création, celui auquel tout nom peut convenir. Veux-tu l'appeler Destin ? Tu ne te tromperas pas ; de lui procèdent tous les événements ; il est la cause des causes. Le nommeras-tu Providence ? Tu auras encore raison. C'est sa sagesse qui pourvoit aux besoins de ce monde, à ce que rien n'en trouble la marche, à ce qu'il accomplisse sa tâche ordonnée. Aimes-tu mieux l'appeler la Nature ? Le mot sera juste ; c'est de lui que tout a pris naissance ; nous vivons de son souffle. Veux-tu voir en lui le monde lui-même [1557] ? Tu n'auras pas tort ; il est tout ce que tu vois [1558] , tout entier dans chacune de ses parties, et se soutenant par sa propre puissance

[1559] . Voilà ce que pensaient, comme nous, les Étrusques ; et s'ils disaient que la foudre nous vient de Jupiter, c'est que rien ne se fait sans lui.

XLVI.

Mais pourquoi Jupiter épargne-t-il parfois le coupable, pour frapper l'innocent ? Tu me jettes là dans une question bien vaste, qui veut qu'on la traite en son temps et en son lieu. Je réponds seulement que la foudre ne part point de la main de Jupiter, mais qu'il a tout disposé de telle sorte que les choses même qui ne se font point par lui, ne se font pourtant pas sans raison, et que cette raison vient de lui. Elles n'ont d'action que celle qu'il a permise ; lors même que les faits s'accomplissent sans lui, il a voulu qu'ils s'accomplissent. Il ne préside pas aux détails : mais il a donné le signal, l'énergie et l'impulsion à l'ensemble.

XLVII.

Je n'adopte pas la classification de ceux qui divisent les foudres en *perpétuelles* , *déterminées* ou *prorogatives* . Les *perpétuelles* sont celles dont les pronostics concernent toute une existence, et, au lieu d'annoncer un fait partiel, embrassent la chaîne entière des événements qui se succéderont dans la vie. Telles sont les foudres qui apparaissent le jour où l'on entre en possession d'un patrimoine, où un homme ou une ville vient à changer d'état. Les foudres *déterminées* ne se rapportent qu'à un jour marqué. Les *prorogatives* sont celles dont on peut reculer, mais non conjurer ou détruire les effets menaçants.

XLVIII.

Je vais dire pourquoi cette division ne me satisfait pas. La foudre qu'on nomme perpétuelle est également déterminée ; elle répond aussi à un jour fixe ; elle ne cesse pas d'être déterminée par cela seul qu'elle s'applique à un temps plus long. Celle qui semble prorogée est déterminée tout de même ; car, du propre aveu de ceux que je combats, on sait jusqu'où on peut obtenir d'en reculer l'effet. Le délai, selon eux, est de dix ans seulement pour les foudres particulières, de trente ans pour les foudres publiques. Ces sortes de foudres sont donc déterminées en ce qu'elles portent avec elles le terme de leur prorogation. Ainsi toutes les foudres et tous les événements ont leur jour marqué ; car l'incertain ne comporte pas de limites. Quant à l'observation des éclairs, le système est sans liaison et trop vague. On pourrait suivre cependant la division du philosophe Attalus, qui s'était attaché à ce point de doctrine, et noter le lieu de l'apparition, le temps, la personne, la circonstance, la qualité, la quantité. Si je voulais traiter à part chacun de ces détails, je m'engagerais dans une œuvre sans fin.

XLIX.

Parlons ici sommairement des noms que Cæcinna donne aux foudres, et énonçons là-dessus notre pensée. Il y a, dit-il, les *postulatoires* , qui exigent qu'un sacrifice interrompu ou fait contre les règles soit recommencé ; les *monitoires* , qui indiquent les choses dont il faut se garder ; les *pestifères* , qui présagent la mort ou l'exil ; les *fallacieuses* , qui sous apparence du bien font du mal : elle donneront un consulat funeste à qui doit le gérer, un héritage dont la possession sera chèrement payée ; les *déprécatives* , qui annoncent un péril, lequel ne se réalise pas ; les *péremptales* , qui neutralisent les menaces d'autres foudres ; les *attestantes* , qui confirment des menaces antérieures, les *atterranées* , qui éclatent sur un lieu clos ; les *ensevelies* , qui frappent un lieu déjà foudroyé et non purifié par des expiations ; les *royales* , qui tombent sur le forum [1560] , dans les comices, dans les lieux où s'exerce la souveraineté d'une cité libre qu'elles menacent de la royauté ; les *infernales* , dont les feux s'élancent de la terre ; les *hospitalières* , qui appellent, ou, pour me servir de l'expression plus respectueuse qu'on emploie, qui invitent Jupiter à nos sacrifices, lequel Jupiter, s'il est irrité contre celui qui les offre, n'arrive pas, dit Cæcinna, sans grand péril pour les invitants ; enfin, les *auxiliaires*, invoquées sans doute, mais portant bonheur à qui les invoque.

L.

Combien était plus simple la division d'Attalus, cet homme remarquable, qui à la science des Étrusques avait joint la subtilité grecque ! « Parmi les foudres, disait-il, il en est dont les pronostics nous regardent ; il en est sans aucun pronostic, ou dont l'intelligence nous est interdite. Les foudres à pronostics sont ou propices ou contraires ; quelques-unes ne sont ni contraires, ni propices. Les contraires sont de quatre sortes. Elles présagent des maux inévitables ou évitables, qui peuvent ou s'atténuer ou se différer. Les foudres propices annoncent des faits ou durables ou passagers. Il y a, dans les foudres qu'il appelle mixtes, du bien et du mal, ou du mal qui se change en bien, ou du bien qui se tourne en mal. Celles qui ne sont ni contraires, ni propices, annoncent quelque entreprise où nous devrons nous engager sans crainte ni joie, telle qu'un voyage dont nous n'aurions rien à redouter, rien à espérer. »

LI.

Revenons aux foudres à pronostics, mais à pronostics qui ne nous touchent point : telle est celle qui indique si, dans la même année, il y aura une foudre de la même nature. Les foudres sans pronostic, ou dont l'intelligence nous échappe, sont, par exemple, celles qui tombent au loin dans la mer et dans les déserts, et dont le pronostic est nul ou perdu pour nous.

LII.

Ajoutons quelques observations sur la force de la foudre, qui n'agit pas de la même manière sur tous les corps. Les plus solides, ceux qui résistent, sont brisés avec éclat ; et parfois elle traverse sans dommage ceux qui cèdent. Elle lutte contre la pierre, le fer et les substances les plus dures, obligée qu'elle est de s'y faire un chemin de vive force. Quant aux substances tendres et poreuses, elle les épargne, quelque inflammables qu'elles paraissent d'ailleurs ; le passage étant plus facile, sa violence est moindre. Ainsi, comme je l'ai dit, sans endommager la bourse, elle fond l'argent qui s'y trouve ; vu que ses feux, des plus subtils, traversent, des pores même imperceptibles. Mais les parties solides du bois lui opposent une matière rebelle dont elle triomphe. Elle varie, je le répète, dans ses modes de destruction ; la nature de l'action se révèle par celle du dommage, et l'on reconnaît le genre de foudre à son œuvre. Quelquefois elle produit sur divers points du même corps des effets divers : ainsi, dans un arbre, elle brûle les parties les plus sèches, rompt et perfore les plus solides et les plus dures, enlève l'écorce du dehors, déchire et met en pièces l'écorce intérieure, et enfin froisse et crispe les feuilles. Elle congèle le vin, elle fond le fer et le cuivre.

LIII.

Une chose étrange, c'est que le vin gelé par la foudre, et revenu à son premier état, est un breuvage mortel ou qui rend fou. J'ai cherché la cause de ce phénomène : voici l'idée qui s'est offerte à moi. Il y a dans la foudre quelque chose de vénéneux, dont vraisemblablement il demeure des miasmes dans le liquide condensé et congelé, qui, en effet, ne pourrait se solidifier si quelque élément de cohésion ne s'y ajoutait. L'huile, d'ailleurs, et tous les parfums touchés de la foudre, exhalent une odeur repoussante : ce qui fait voir que ce feu si subtil, dénaturant tout ce qu'il attaque, renferme un principe pestilentiel, qui tue non seulement par le choc, mais par la simple exhalation. Enfin, partout où la foudre tombe, il est constant qu'elle y laisse une odeur de soufre ; et cette odeur naturellement forte, respirée à mainte reprise, peut causer le délire. Nous reviendrons à loisir sur ces faits. Peut-être tiendrons-nous à prouver combien la théorie qu'on en a faite découle immédiatement de cette philosophie, mère des arts, qui la première a cherché les causes, observé les effets et, ce qui est bien préférable à l'inspection de la foudre, rapproché les résultats des principes.

LIV.

Je reviens à l'opinion de Posidonius. De la terre et des corps terrestres s'exhalent des vapeurs, les unes humides, les autres sèches et semblables à la fumée : celles-ci alimentent les foudres, et celles-là les pluies. Les émanations sèches et fumeuses qui montent dans l'atmosphère ne se laissent pas enfermer dans les nuages, et brisent leurs barrières ; de là le bruit qu'on appelle tonnerre. Dans l'air même il est des molécules qui s'atténuent et qui, par là, se dessèchent et s'échauffent. Retenues captives, elles cherchent de même à fuir et se dégagent avec fracas. L'explosion est tantôt générale et accompagnée d'une violente détonation, tantôt partielle et moins sensible. L'air ainsi modifié fait qu'il tonne ; soit qu'il déchire les nuages, soit qu'il vole au travers. Mais le tourbillonnement de l'air emprisonné dans la nue est la cause la plus puissante d'inflammation.

LV.

Le tonnerre n'est autre chose que l'explosion des vapeurs sèches de l'air ; ce qui n'a lieu que de deux manières, par frottement ou par éruption. La collision des nuages, dit Posidonius, produit aussi ce genre de détonation ; mais elle n'est pas complète, parce que ce ne sont pas de grandes masses qui se heurtent, mais des parties détachées. Les corps mous ne retentissent que s'ils se choquent contre des corps durs ; ainsi les flots ne s'entendent que lorsqu'ils se brisent sur l'obstacle. Objectera-t-on que le feu plongé dans l'eau siffle en s'éteignant ? J'admets ce fait, il est pour moi ; car ce n'est pas le feu qui rend un son, c'est l'air qui s'échappe de l'eau où s'éteint le feu. En vous accordant que le feu naisse et s'éteigne dans les nuages, toujours naît-il d'un souffle et d'un frottement. « Quoi ! dit-on, ne se peut-il pas qu'une de ces étoiles filantes dont vous avez parlé tombe dans un nuage et s'y éteigne ? » Supposons que ce fait puisse quelquefois avoir lieu ; mais c'est une cause naturelle et constante que nous cherchons ici, et non une cause rare et fortuite. Si je convenais qu'il est vrai, comme vous le dites, qu'on voit parfois, après le tonnerre, étinceler des feux semblables aux étoiles qui volent obliquement et paraissent tomber du ciel, il s'ensuivrait que le tonnerre aurait été produit non par ces feux, mais en même temps que ces feux. Selon Clidémus, l'éclair n'est qu'une vaine apparence ; ce n'est pas un feu : telle est, dit-il, la lueur que pendant la nuit le mouvement des rames produit sur la mer. L'analogie n'est pas exacte : cette lueur paraît pénétrer la substance même de l'eau ; celle qui se forme dans l'atmosphère jaillit par éruption.

LVI.

Héraclite compare l'éclair à ce premier effort du feu qui s'allume dans nos foyers, à cette flamme incertaine qui tantôt meurt, tantôt se relève. Les anciens nommaient les éclairs *fulgetra* ; nous disons *tonitrua* au pluriel : ils employaient le singulier *tonitruum* ou *tonum* . Je trouve cette dernière expression dans Cæcinna, auteur plein de charme qui aurait eu un nom dans l'éloquence, si la gloire de Cicéron ne l'avait éclipsé. Notons aussi que, dans le verbe qui exprime l'éruption hors des nues d'une clarté subite, les anciens faisaient brève la syllabe du milieu, que nous faisons longue. Nous disons *fulgēre* comme *splendēre* . Ils disaient *fulgĕre* .

LVII.

Mais tu veux savoir mon opinion à moi ; car je n'ai encore fait que prêter ma rédaction à celles d'autrui. Je dirai donc : L'éclair est une lumière soudaine qui brille au loin-il a lieu quand l'air des nuages se raréfie et se convertit en un feu qui n'a pas la force de jaillir plus loin. Tu n'es pas surpris, je pense, que le mouvement raréfie l'air et qu'ainsi raréfié il s'enflamme. Ainsi se liquéfie le plomb lancé par la fronde, le frottement de l'air le fait fondre comme ferait le feu. Les foudres sont plus fréquentes en été, parce que l'atmosphère est plus chaude, et que le frottement contre des corps échauffés rend l'inflammation plus prompte. Le mode de formation est le même pour l'éclair, qui ne fait que luire, et pour la foudre, qui porte coup ; seulement l'éclair a moins de force, il est moins nourri ; enfin, pour dire en deux mots ma pensée, la foudre, c'est l'éclair avec plus d'intensité. Lors donc que les éléments chauds et fumeux, émanés de la terre, se sont absorbés dans les nuages et ont longtemps roulé dans leur sein, ils finissent par s'échapper ; et, s'ils manquent de force, ils ne donnent qu'une simple lumière ; mais si l'éclair a trouvé plus d'aliments, s'il s'enflamme avec plus de violence, ce n'est point un feu qui apparaît, c'est la foudre qui tombe.

LVIII.

Quelques auteurs sont persuadés qu'après sa chute elle remonte ; d'autres, qu'elle reste sur le sol quand surchargée d'aliments elle n'a pu porter qu'un faible coup. Mais d'où vient que la foudre apparaît si brusquement, et que son feu n'est pas plus durable et plus continu ? Parce que c'est la chose du monde la plus rapide qui est en mouvement ; c'est tout d'un trait qu'elle brise les nues et enflamme l'atmosphère. Puis la flamme s'éteint en même temps que le mouvement cesse : car l'air ne forme pas des courants assez suivis pour que l'incendie se propage ; et une fois allumé par la violence même de ses mouvements, il ne fait d'effort que pour s'échapper. Dès qu'il a pu fuir et que la lutte a cessé, la même impulsion tantôt le pousse jusqu'à terre, tantôt le dissémine, selon que la force de dépression est plus ou moins grande. Pourquoi la foudre se dirige-t-elle obliquement ? Parce qu'elle se forme d'un courant d'air, et que ce courant suit une ligne oblique et tortueuse ; or, comme la tendance naturelle du feu est de monter, quand quelque obstacle l'abaisse et le comprime, il prend l'inclinaison oblique. Quelquefois ces deux tendances luttent sans céder l'une à l'autre, et tour à tour le feu s'élève et redescend. Enfin, pourquoi la cime des montagnes est-elle si souvent foudroyée ? C'est qu'elle avoisine les nuages, et que dans sa chute le feu du ciel doit les rencontrer.

LIX.

Je vois d'ici ce que tu désires dès longtemps et avec impatience. « Je tiendrais plus, dis-tu, à ne pas redouter la foudre qu'à la bien connaître. Enseigne à d'autres comment elle se forme. Ôte-moi les craintes qu'elle m'inspire, avant de m'expliquer sa nature. » Je viens à ton appel ; car à tout ce qu'on fait ou dit doit se mêler quelque utile leçon. Quand nous sondons les secrets de la nature, quand nous traitons des choses divines, songeons à notre âme pour l'affranchir de ses faiblesses et peu à peu la fortifier : c'est le devoir des savants eux-mêmes dont l'unique but est l'étude ; et que ce ne soit pas pour éviter les coups du sort, car de tous côtés les traits volent sur nous ; que ce soit pour souffrir avec courage et résignation. Nous pouvons être invincibles, nous ne pouvons être inébranlables, et pourtant j'ai parfois l'espoir que nous le pourrions. Comment cela ? dis-tu. Méprise la mort ; et tout ce qui mène à la mort tu l'as méprisé du même coup : guerres, naufrages, morsures de bêtes féroces, chutes soudaines d'édifices entraînés par leur masse. Que peuvent faire de pis tous ces accidents, que de séparer l'âme du corps, séparation dont ne nous sauve nulle précaution, dont nulle prospérité n'exempte, que nulle puissance ne rend impossible ? Le sort dispense inégalement tout le reste ; la mort noue appelle tous, est égale pour tous. Qu'on ait les dieux contraires ou propices, il faut mourir : prenons courage de notre désespoir même. Les animaux les plus lâches, que la nature a créés pour la fuite, quand toute issue leur est fermée, tentent le combat malgré leur faiblesse. Point de plus terrible ennemi que celui qui doit son audace à la difficulté d'échapper ; la nécessité provoque toujours des élans plus irrésistibles que la valeur seule [1561]. Il se surpasse, ou du moins il reste l'égal de lui-même, l'homme de cœur qui voit tout perdu. Jugeons-nous trahis, et nous le sommes au profit de la mort : oui, Lucilius, nous lui sommes tous réservés. Tout ce peuple que tu vois, tout ce que tu imagines d'hommes vivants sur ce globe, sera tout à l'heure rappelé par la nature et poussé dans la tombe ; certain de son sort, on n'est incertain que du jour [1562] , et c'est au même terme que tôt ou tard il faut venir. Or, n'est-ce pas le comble de la pusillanimité et de la démence, que de solliciter, avec tant d'instance un moment de répit ? Ne mépriserais-tu pas l'homme qui, au milieu de condamnés à mort comme lui, demanderait à titre de grâce de tendre la gorge le dernier ? Ainsi faisons-nous ; nous tenons pour un grand bonheur de mourir plus tard [1563] . La peine capitale a été décernée en toute équité. Car, et telle est la grande consolation de qui va subir l'arrêt fatal, ceux dont la cause est la même ont le même sort. Nous suivrions le bourreau si le juge ou le magistrat nous livrait au supplice, nous présenterions docilement la tête ; où est la différence, dès qu'on va mourir, que ce soit de force ou de gré ? Quelle folie, ô homme ! et quel oubli de ta fragilité, si tu ne crains la mort que lorsqu'il tonne ! Ton existence tient donc au sommeil de la foudre ! Tu vivras, si tu lui échappes ! Mais le fer, mais la pierre, mais la fièvre vont t'attaquer. La foudre n'est pas le plus grand, mais le plus étourdissant des périls. Tu seras sans doute iniquement traité, si l'incalculable célérité de ta mort t'en dérobe le sentiment, si ton trépas est expié, si, même en expirant, tu n'es pas inutile au monde, si tu deviens pour lui le signe de quelque grand événement ! Tu seras iniquement traité d'être enseveli avec la foudre ! Mais tu trembles au fracas du ciel, un vain nuage te fait tressaillir ; et au moindre éclair, tu te meurs. Eh bien ! quoi ? trouves-tu plus beau de mourir de peur que d'un coup de foudre ? Ah ! n'en sois que plus intrépide quand les cieux te menacent ; et le monde dût-il s'embraser de toutes parts, songe que de cette masse immense tu n'as rien à perdre. Que si tu penses que c'est contre toi que s'apprête ce bouleversement de l'atmosphère, cette lutte des éléments ; si c'est à cause de toi que les nuages amoncelés s'entrechoquent et retentissent ; si c'est pour ta perte que jaillissent ces irrésistibles carreaux, accepte du moins comme consolation l'idée que ta mort mérite tout cet appareil. Mais cette idée même ne viendra pas à temps pour toi ; de tels coups font grâce de la peur. Entre autres avantages, la foudre a celui de prévenir ton attente. L'explosion n'épouvante qu'après qu'on y a échappé.

Livre III – Les eaux terrestres : d'où elles se forment. – La terre, pareille au corps humain. – Les poissons. Le rouget. – Luxe des tables. – Déluge final.

Préface.

Je n'ignore pas, mon excellent ami, de quel vaste édifice je pose les fondements, à mon âge, moi qui veux parcourir le cercle de l'univers, et découvrir les principes des choses et leurs secrets, pour les porter à la connaissance des hommes. Quand pourrai-je mettre à fin tant de recherches, réunir tant de faits épars, pénétrer tant de mystères ? La vieillesse me talonne et me reproche les années consumées en de vaines études ; nouveau motif pour me hâter et pour réparer par le travail les lacunes d'une vie mal occupée. Joignons la nuit au jour, retranchons des soins inutiles ; laissons là le souci d'un patrimoine trop éloigné de son maître ; que l'esprit soit tout à lui-même et à sa propre étude, et qu'au moment où la fuite de l'âge est le plus rapide, il reporte au moins sur soi ses regards. Il va le faire, et s'aiguillonner, et chaque jour mesurer la brièveté du temps. Tout ce qu'il a perdu se regagnera par l'emploi sévère du présent. Le plus fidèle ami du bien, c'est l'homme que le repentir y ramène. Volontiers m'écrierais-je avec un illustre poète :

Un noble but m'enflamme, et pour mon œuvre immense

Je n'ai que peu de jours !...

Ainsi parlerais-je, même adolescent ou jeune encore ; car pour de si grandes choses, point d'avenir qui ne soit trop court. Mais cette carrière sérieuse, difficile, infinie, c'est après le midi de ma vie que je l'ai abordée. Faisons ce qu'on fait en voyage ; parti trop tard, on rachète le délai par la vitesse. Usons de diligence, et ce travail déjà si grand, qui restera inachevé peut-être, poursuivons-le sans donner notre âge pour excuse. Mon âme s'agrandit en présence de son entreprise gigantesque ; elle envisage ce qui me reste à faire, non ce qui me reste à vivre. Des hommes se sont consumés à écrire l'histoire des rois étrangers, et les souffrances et les attentats réciproques des peuples. Combien n'est-il pas plus sage d'étouffer ses propres passions, que de raconter à la postérité celles d'autrui ? Combien ne vaut-il pas mieux célébrer les œuvres de la divinité, que les brigandages d'un Philippe, d'un Alexandre et de leurs pareils, fameux par la ruine des nations, pestes non moins fatales à l'humanité que ce déluge qui couvrit toutes les plaines, que cet embrasement général où périrent la plupart des êtres vivants ? On sait nous dire comment Annibal a franchi les Alpes ; comment il a porté en Italie une guerre imprévue, que les désastres de l'Espagne rendaient plus redoutable ; comment sa haine, survivant à sa défaite et à Cartilage, le fit errer de cour en cour, s'offrant pour général, demandant une armée et ne cessant, malgré sa vieillesse, de nous chercher la guerre dans tous les coins du monde : tant cet homme pouvait endurer de vivre sans patrie, mais non sans ennemi. Ah ! plutôt enquérons-nous de ce qui doit se faire, non de ce qui s'est fait, et enseignons aux hommes qui livrent leur sort à la Fortune, que rien n'est stable dans ses dons, que tous s'échappent plus légers que les vents. Car elle ne sait point se fixer, elle se plaît à verser les maux sur les biens, à mêler les rires et les larmes [1565] . Donc que nul n'ait foi dans la prospérité ; que nul ne s'affaisse dans le malheur ; les choses ont leur flux et leur reflux. Pourquoi ces saillies d'orgueil ? La main qui te porte si haut, tu ne sais pas où elle te laissera. Elle ne s'arrêtera pas à ton gré, mais au sien. Pourquoi cet abattement ? Te voilà au fond de l'abîme, c'est l'heure de te relever. De l'adversité on passe à de meilleurs destins, et du but désiré à un état moins doux. Il faut que la pensée envisage ces vicissitudes communes et aux moindres maisons qu'un léger choc renverse, et aux maisons souveraines. Des trônes sortis de la poussière ont écrasé ceux qui leur faisaient la loi. D'antiques empires ont croulé dans l'éclat même de leur gloire. Qui pourrait compter les puissances brisées les unes par les autres ? Dans le même moment Dieu fait surgir celles-ci et abaisse celles-là [1566] , et ce n'est pas doucement qu'elles descendent ; il les jette à bas de toute leur hauteur, sans qu'il reste d'elles un débris. Grands spectacles, selon nous, qui sommes si petits ! Souvent ce n'est point la nature des choses, c'est notre petitesse qui fait leur grandeur. Qu'y a-t-il de grand ici-bas ? Est-ce de couvrir les mers de ses flottes, de planter ses drapeaux sur les bords de la mer

Rouge, et, quand la terre manque à nos usurpations, d'errer sur l'Océan à la recherche de plages inconnues ? Non : c'est d'avoir vu tout ce monde par les yeux de l'esprit, et remporté le plus beau triomphe, le triomphe sur ses vices. On ne saurait nombrer les hommes qui se sont rendus maîtres de villes, de nations entières ; combien peu l'ont été d'eux-mêmes ! Qu'y a-t-il de grand ici-bas ? C'est d'élever son âme au-dessus des menaces et des promesses de la Fortune ; c'est de ne rien voir en elle qui soit digne d'un vœu. Qu'a-t-elle, en effet, qu'on doive convoiter, quand, du spectacle des choses célestes, retombant sur la terre, nos yeux ne voient plus, comme ceux qui passent d'un clair soleil à la sombre nuit des cachots ? Ce qu'il y a de grand, c'est une âme ferme et sereine dans l'adversité, qui accepte tout accident comme si elle l'eût désiré ; et l'on eût dû le désirer, si l'on eût su que tout arrive par les décrets de Dieu. Pleurer, se plaindre, gémir, c'est être rebelle. Ce qu'il y a de grand, c'est que cette âme, forte et inébranlable aux revers, repousse les voluptés, et même les combatte, à outrance ; qu'elle ne recherche ni ne fuie les périls ; qu'elle sache, sans l'attendre, se faire son destin ; qu'elle marche au-devant des biens comme des maux, sans trouble, sans anxiété, et que ni l'orageuse ni la riante fortune ne la déconcerte ! Ce qu'il y a de grand, c'est de fermer son cœur aux mauvaises pensées, de lever au ciel des mains pures ; c'est, au lieu d'aspirer à des biens qui, pour aller jusqu'à toi, doivent être donnés ou perdus par d'autres, de prétendre au seul trésor que nul ne te disputera, la sagesse ; tous les autres, si fort prisés des mortels, regarde-les, si le hasard te les apporte, comme devant s'en aller par où ils sont venus ! Ce qu'il y a de grand, c'est de mettre fièrement sous ses pieds ce qui vient du hasard ; de se souvenir qu'on est homme ; si l'on est heureux, de se dire qu'on ne le sera pas longtemps ; malheureux, qu'on ne l'est plus dès qu'on croit ne pas l'être ! Ce qu'il y a de grand, c'est d'avoir son âme sur le bord des lèvres et prête à partir ; on est libre alors non par droit de cité, mais par droit de nature. Est libre quiconque n'est plus esclave de soi, quiconque a fui cette servitude de tout instant, laquelle n'admet point de résistance, et pèse sur nous nuit et jour, sans trêve ni relâche. Qui est esclave de soi subit le plus rude de tous les jougs ; mais le secouer est facile : qu'on ne se fasse plus à soi-même mille demandes ; qu'on ne se paie plus de son propre mérite ; qu'on se représente et sa condition d'homme et son âge, fût-on des plus jeunes ; qu'on se dise : « Pourquoi tant de folies, tant de fatigues, tant de sueurs ? Pourquoi bouleverser le sol, assiéger le forum ? Il me faut si peu, et pour si peu de temps [1567] ! » Voilà à quoi nous aidera l'étude de la nature qui, nous arrachant d'abord aux objets indignes de nous, donne ensuite à l'âme cette grandeur, cette élévation dont elle a besoin, et la soustrait à l'empire du corps. Et puis, l'intelligence exercée à sonder les mystères des choses ne dégénérera pas dans des questions plus simples. Or, quoi de plus simple que ces règles salutaires où l'homme puise des armes contre sa perversité, contre sa folie, qu'il condamne et ne peut quitter ?

I.

Parlons maintenant des eaux, et cherchons comment elles se forment. Soit, comme le dit Ovide,

> Qu'une source limpide en flots d'argent s'épanche [1568] ;

ou, comme dit Virgile,

> Que des monts mugissants
>
> Neuf sources à la fois lancent leurs flots puissants,
>
> Mer grondante, qui presse une campagne immense [1569] ;

ou, comme je le trouve dans tes écrits-mêmes, mon cher Junior,

> Qu'un fleuve de l'Élide en Sicile soit né [1570] ;

par quel moyen ces eaux sont-elles fournies à la terre ? Où tant de fleuves immenses alimentent-ils jour et nuit leurs cours ? Pourquoi quelques-uns grossissent-ils en hiver ? pourquoi d'autres s'enflent-ils à l'époque où le plus grand nombre baisse ? En attendant, nous mettrons le Nil hors de ligne : il est d'une nature spéciale et exceptionnelle ; nous ajournerons ce qui le concerne, pour traiter en détail des eaux ordinaires, tant froides que chaudes, et à l'occasion de ces dernières, nous chercherons si leur chaleur est naturelle ou acquise. Nous nous occuperons aussi de celles qu'ont rendues célèbres ou leur saveur ou une vertu quelconque. Car il en est qui sont bonnes pour les yeux, d'autres pour les nerfs ; il en est qui guérissent radicalement des maux invétérés et dont les médecins désespéraient ; quelques-unes cicatrisent les ulcères ; celles-ci, prises en boisson, fortifient les organes intérieurs et soulagent les affections du poumon et des viscères ; celles-là arrêtent les hémorragies : elles sont aussi variées dans leurs effets que dans leurs saveurs.

II.

Les eaux sont toutes ou stagnantes ou courantes, réunies par masses ou distribuées en filets. On en voit de douces ; on en voit de natures tout autres, d'acres parfois, de salées, d'amères et de médicinales ; dans ces dernières nous rangeons les sulfureuses, les ferrugineuses, les alumineuses : la saveur indique la propriété. Elles ont encore de nombreuses différences, qu'on reconnaît au toucher : elles sont froides ou chaudes ; au poids : elles sont pesantes ou légères ; à la couleur : elles sont pures ou troubles, ou azurées, ou transparentes ; enfin, à la salubrité : elles sont saines, salutaires, ou mortelles, ou pétrifiables. Il y en a d'extrêmement légères ; il y en a de grasses ; les unes sont nourrissantes, les autres passent sans soutenir le corps ; d'autres procurent la fécondité.

III.

Ce qui rend l'eau stagnante ou courante, c'est la disposition des lieux : elle coule sur les plans inclinés ; en plaine, elle s'arrête immobile ; quelquefois le vent la pousse devant lui ; il y a alors contrainte plutôt qu'écoulement. Les amas d'eau proviennent des pluies ; les cours naturels naissent des sources. Rien n'empêche cependant que l'eau soit recueillie et naisse sur le même point ; témoin le lac Fucin, où les montagnes circonvoisines déversent leurs eaux pluviales [1571] . Mais il recèle aussi dans son bassin des sources abondantes ; tellement que quand les torrents de l'hiver s'y jettent, son aspect ne change pas.

IV.

Examinons en premier lieu comment la terre peut fournir à l'entretien continuel des fleuves, et d'où sort une telle quantité d'eau. On s'étonne que les fleuves ne grossissent pas sensiblement les mers ; il ne faut pas moins s'étonner que tous ces écoulements n'appauvrissent pas sensiblement la terre. D'où vient que ses réservoirs secrets regorgent au point de toujours couler et de suppléer incessamment à ses pertes ? La raison que nous donnerons pour les fleuves s'appliquera, quelle qu'elle soit, aux ruisseaux et aux fontaines.

V.

Quelques auteurs prétendent que la terre réabsorbe toutes les eaux qu'elle épanche ; et que, si la mer ne grossit jamais, c'est qu'au lieu de s'assimiler les courants qui s'y jettent, elle les restitue aussitôt. D'invisibles conduits les ramènent sous terre ; on les a vus venir, ils s'en retournent secrètement ; les eaux de la mer se filtrent pendant ce trajet ; à force d'être bat tues dans les anfractuosités sans nombre de la terre, elles de posent leur amertume, et à travers les couches si variées du sol se dépouillent de leur saveur désagréable, pour devenir eaux tout à fait pures.

VI.

D'autres estiment que la terre ne rend par les fleuves que les eaux fournies par les pluies ; et ils apportent comme preuve la rareté des fleuves dans les pays où il pleut rarement. L'aridité des déserts de l'Éthiopie, et le petit nombre de sources qu'offre l'intérieur de l'Afrique, ils l'attribuent à la nature dévorante du climat, où l'été règne presque toujours. De là ces mornes plaines de sables, sans arbres, sans culture, à peine arrosées de loin en loin par des pluies que le sol absorbe aussi tôt. On sait, au contraire, que la Germanie, la Gaule, et, après ces deux contrées, l'Italie, abondent en ruisseaux et en fleuves, parce que le climat dont elles jouissent est humide, et que l'été même n'y est pas privé de pluies.

VII.

Tu vois qu'à cette opinion on peut objecter bien des choses. D'abord, en ma qualité de vigneron qui sait son métier, je puis t'assurer que jamais pluie, si grande qu'elle soit, ne mouille la terre à plus de dix pieds de profondeur. Toute l'eau est bue par la première couche, et ne descend point plus bas. Comment pourrait-elle alimenter des fleuves, cette pluie qui n'imbibe que la superficie du sol ? Elle est en majeure partie entraînée dans la mer par le canal des fleuves. Bien peu en est absorbé par la terre, qui ne la garde pas : car ou la terre est altérée, et elle boit tout ce qui tombe ; ou elle est saturée, et elle ne reçoit pas au-delà de ce qu'elle désirait. C'est pourquoi les premières pluies ne font pas grossir les rivières, la terre, trop sèche, attirant tout à elle. Comment d'ailleurs expliquer ces eaux qui s'échappent en fleuves des rochers et des montagnes ? Quel tribut reçoivent-elles des pluies qui coulent le long des rocs dépouillés, sans trouver de terre qui les retienne ? Ajoute que des puits creusés dans les lieux les plus secs, à deux ou trois cents pieds, rencontrent d'abondantes veines d'eau à cette profondeur où la pluie ne pénètre point ; preuve que ce ne sont pas là des eaux tombées du ciel, ou des amas stagnants, mais ce qu'on appelle vulgairement des eaux vives. L'opinion que je combats se réfute aussi par cette réflexion, que des sources jaillissent du sommet de certaines montagnes, sources évidemment poussées par une force d'ascension, ou nées sur le lieu même, puisque toute eau pluviale court de haut en bas.

VIII.

Selon d'autres, de même qu'à la surface du globe s'é tendent de vastes marais, de grands lacs navigables, et que d'immenses espaces sont envahis par les mers qui couvrent tous les lieux bas ; de même l'intérieur de la terre est rempli d'eaux douces, stagnantes, comme nous voyons l'Océan et ses golfes, mais relativement plus considérables, les cavités souterraines étant plus profondes que celles de la mer. De ces inépuisables masses sortent nos grands cours d'eau. Doit-on s'étonner que la terre ne se sente pas appauvrie par ces fleuves, quand la mer ne s'en trouve pas enrichie ?

IX.

D'autres adoptent cette explication-ci ; ils disent : « L'intérieur de la terre renferme des cavités profondes et beaucoup d'air qui, nécessairement, se refroidit dans l'ombre épaisse qui le comprime ; cet air inerte et sans mouvement, ne pouvant plus maintenir son principe, se convertit en eau. De même qu'au-dessus de nos têtes, de l'air ainsi modifié naît la pluie ; de même se forment sous terre les fleuves et les rivières. L'air ne peut longtemps demeurer immobile et peser sur l'atmosphère ; il est de temps à autre raréfié par le soleil, ou dilaté par les vents ; aussi y a-t-il de longs intervalles d'une pluie à une autre. Quelle que soit la cause qui agisse sur l'air souterrain pour le changer en eau, elle agit sans cesse : c'est la perpétuité de l'ombre, la permanence du froid, l'inertie et la densité de cet air ; les sources et les fleuves ne cesseront donc pas d'être alimentés. La terre, suivant nous, est susceptible de transmutation. Tout ce qu'elle exhale, n'ayant pas pris naissance dans un air libre, tend à s'épaissir et se convertit promptement en eau. »

X.

Telle est la première cause de la formation des eaux dans l'intérieur du globe. Ajoute que tous les éléments naissent les uns des autres : l'eau se change en air, et l'air en eau ; le feu se forme de l'air, et l'air du feu. Pourquoi la terre ne serait-elle pas de même produite par l'eau, et l'eau par la terre ? Si la terre peut se convertir en air et en feu, à plus forte raison peut-elle se changer en eau. La terre et l'eau sont homogènes, toutes deux pesantes, denses, et reléguées dans la région inférieure du monde. L'eau produit de la terre, pourquoi la terre ne produirait-elle pas de l'eau ? « Mais les fleuves sont si considérables ! » Si grands que tu les trouves, vois aussi de quel grand corps ils sortent. Tu es surpris que les fleuves, qui ne cessent de couler, et quelques-uns si rapidement, trouvent, pour s'alimenter, une eau toujours prête et toujours nouvelle. Mais es-tu surpris que l'air, malgré les vents qui le poussent dans toute sa masse, non seulement ne s'épuise pas, mais coule jour et nuit avec le même volume ? Pourtant il ne court pas comme les fleuves dans un canal déterminé ; il embrasse dans son vaste essor l'espace immense des cieux. Es-tu surpris qu'il survienne toujours d'autres vagues après les vagues sans nombre qui se sont brisées sur la grève ? Rien ne s'épuise de ce qui revient sur soi-même. Chaque élément est soumis à ces retours alternatifs. Toutes les pertes de l'un vont enrichir l'autre ; et la nature tient ses différentes parties comme pondérées dans une balance, de peur que, les proportions dérangées, l'équilibre du monde ne soit rompu. Tout élément se retrouve dans tous. Non seulement l'air se change en feu, mais il n'existe jamais sans feu : ôte-lui la chaleur, il devient concret, immobile et solide. L'air passe à l'état d'eau, et jamais il n'existe sans ce liquide. La terre se convertit en air et en eau ; mais elle n'est jamais sans eau, non plus que sans air. Et ces transmutations sont d'autant plus faciles, que l'élément à naître est déjà mêlé au premier. Ainsi la terre contient de l'eau, et la fait sortir de son sein ; elle renferme de l'air : l'ombre et le froid de l'hiver le condensent et en font de l'eau. Elle-même est liquéfiable ; elle met en œuvre ses propres ressources [1572] .

XI.

« Mais, diras-tu, si les causes d'où proviennent les fleuves et les sources sont permanentes, pourquoi tarissent-ils parfois ? Pourquoi se montrent-ils dans des endroits où l'on n'en voyait point ? » Souvent un tremblement de terre dérange leurs directions ; un éboulement leur coupe le passage, les force, en les retenant, à se chercher une issue nouvelle par une irruption sur un point quelconque ; ou bien la secousse même du sol les déplace. Il arrive souvent en ce pays-ci que les rivières, qui ne retrouvent plus leur lit, refluent d'abord, puis se frayent une route pour remplacer celle qu'elles ont perdue. Ce phénomène, dit Théophraste, eut lieu au mont Coryque, où, après un tremblement de terre, on vit jaillir des sources jusqu'alors inconnues. On fait encore intervenir d'autres accidents d'où naîtraient des sources, ou qui détourneraient et changeraient leur cours. Le mont Hémus était jadis dépourvu d'eau ; mais une peuplade gauloise, assiégée par Cassandre, s'étant retranchée sur cette montagne dont elle abattit les forêts, on découvrit de l'eau en abondance, que, sans doute, les arbres absorbaient pour s'en alimenter. Ces arbres coupés, l'eau qu'ils ne consommaient plus parut à la surface du sol. Le même auteur dit qu'un fait pareil arriva aux environs de Magnésie. Mais, n'en déplaise à Théophraste, j'oserai dire que la chose n'est pas vraisemblable ; car les lieux les plus riches en eaux sont communément les plus ombragés ; ce qui n'arriverait pas, si les arbres absorbaient les eaux : or, ceux-ci ne cherchent pas leurs aliments si bas, tandis que la source des fleuves, est dans des couches intérieures, trop profondes pour que les racines des arbres y puissent atteindre. Ensuite, les arbres coupés n'en ont que plus besoin d'eau ; ils pompent l'humidité non seulement pour vivre, mais pour prendre une nouvelle croissance. Théophraste rapporte encore qu'aux environs d'Arcadia, ville de Crète qui n'existe plus, les lacs et les sources tarirent, parce qu'on cessa de cultiver le territoire après la destruction de la ville ; quand les cultivateurs revinrent, les eaux reparurent. Il donne pour cause de ce dessèchement le resserrement du sol, qui s'était durci, et qui, n'étant plus remué, ne pouvait plus livrer passage aux pluies. Pourquoi donc voyons-nous des sources nombreuses aux lieux les plus déserts ? Il y a beaucoup plus de terrains cultivés à cause de leurs eaux, que de terrains où l'eau n'est venue qu'avec la culture. Ce n'est pas de l'eau pluviale, celle qui roule en fleuves immenses, navigables dès leur source ; ce qui le prouve, c'est que l'été comme l'hiver leur source verse la même quantité d'eau. La pluie peut former un torrent, et non pas ces fleuves qui coulent entre leurs rives d'un cours égal et soutenu ; elle ne les forme pas, mais elle les grossit.

XII.

Reprenons la chose de plus haut, si bon te semble, et tu verras que rien ne t'embarrassera plus si tu examines de près la véritable origine des fleuves. Un fleuve est le produit d'un volume d'eau qui s'épanche sans interruption. Or, si tu me de mandes comment se forme cette eau, je te demanderai, moi, comment se forme l'air ou la terre ? S'il existe quatre éléments, tu ne peux demander d'où vient l'eau, puisqu'elle est un des quatre éléments. Pourquoi s'étonner qu'une portion si considérable de la nature puisse fournir d'elle-même à des écoulements perpétuels ? Tout comme l'air, qui est aussi l'un des quatre éléments, produit les vents et les orages, ainsi l'eau produit les ruisseaux et les fleuves. Si le vent est un cours d'air, le fleuve est un cours d'eau. J'attribue à l'eau assez de puissance, quand je dis : C'est un élément. Tu comprends que ce qui vient d'une pareille source ne saurait tarir.

XIII.

L'eau, dit Thalès, est le plus puissant des éléments, le premier en date, celui par qui tout a pris vie. Nous pensons comme Thalès, au moins sur le dernier point. En effet, nous prétendons que le feu doit s'emparer du monde entier et convertir tout en sa propre substance, puis s'évaporer, s'affaisser, s'éteindre et ne rien laisser autre chose dans la nature que l'eau ; qu'enfin l'eau recèle l'espoir du monde futur. Ainsi périra par le feu cette création dont l'eau fut le principe. Es-tu surpris que des fleuves sortent incessamment d'un élément qui a tenu lieu de tout, et duquel tout est sorti ? Quand les éléments furent séparés les uns des autres, l'eau fut réduite au quart de l'univers, et placée de manière à suffire à l'écoulement des fleuves, des ruisseaux, des fontaines. Mais voici une idée absurde de ce même Thalès. Il dit que la terre est soutenue par l'eau sur laquelle elle vogue comme un navire ; qu'à la mobilité d'un tel support sont dues les fluctuations qu'on appelle tremblements de terre. Ce ne sera donc pas merveille qu'il y ait assez d'eau pour entretenir les fleuves, si tout le globe est dans l'eau. Ce système grossier et suranné n'est que risible ; tu ne saurais admettre que l'eau pénètre notre globe par ses interstices, et que la cale est entrouverte.

XIV.

Les Égyptiens ont reconnu quatre éléments, et dans chacun le mâle et la femelle. L'air est mâle en tant que vent ; femelle en tant que stagnant et nébuleux. L'eau de la mer est mâle ; toutes les autres sont femelles. Le feu mâle c'est celui qui brûle et flamboie ; la partie qui brille inoffensive est la femelle. Les portions résistantes de la terre s'appellent mâles : ce sont les rochers et les pierres ; ils qualifient de terre femelle celle qui se prête à la culture.

XV.

Il n'y a qu'une mer, et elle existe depuis l'origine des choses ; elle a ses conduits, qui donnent lieu à ses courants et à son flux. L'eau douce a, comme la mer, d'immenses canaux souterrains qu'aucun fleuve n'épuisera. Le secret de ses ressources nous échappe ; elle ne jette au dehors que son superflu. J'admets quelques-unes de ces assertions ; mais voici ce que je pense en outre. Il me semble que la nature a organisé le globe comme le corps humain, qui a ses veines et ses artères pour contenir, les unes le sang, les autres l'air ; de même la terre a des canaux différents pour l'air et pour l'eau qui circulent en elle. La conformité est si grande entre la masse terrestre et le corps humain, que nos ancêtres même en ont tiré l'expression de veines d'eau. Mais comme le sang n'est pas le seul fluide qui soit en nous, comme il s'y trouve bien d'autres humeurs toutes diverses, les unes essentielles à la vie, les autres viciées, d'autres plus épaisses, telles que dans le crâne, la cervelle ; dans les os, la moelle ; puis les mucosités, la salive, les larmes, et on ne sait quoi de lubrifiant qui aide au jeu des articulations plus prompt par ce moyen et plus souple ; ainsi la terre renferme plusieurs variétés d'humeurs, dont quelques-unes en mûrissant se durcissent. De là tout ce qui est terre métallique, d'où la cupidité tire l'or et l'argent ; de là tous les liquides qui se convertissent en pierre. En certains lieux, la terre détrempée avec l'eau se liquéfie et se change en bitume ou autres substances analogues. Ainsi se forment les eaux selon les lois et l'ordre naturels. Au reste, ces humeurs, comme celles de nos corps, sont sujettes à se vicier : un choc, une secousse quelconque, l'épuisement du sol, le froid, le chaud, en altéreront la nature ; ou le soufre, en s'y mêlant, les congèlera plus ou moins promptement. Dans le corps humain, une fois la veine ouverte, le sang coule jusqu'à ce qu'il s'épuise, ou que l'incision soit fermée, ou qu'il reflue par quelque autre cause. De même les veines de la terre une fois déchirées et ouvertes, il en sort des ruisseaux ou des fleuves, selon la grandeur de l'orifice et les moyens d'écoulement. Tantôt un obstacle tarit la source, tantôt la déchirure se cicatrise pour ainsi dire et ferme l'issue qu'elle offrait ; d'autres fois la terre, que nous avons dite être transmuable, cesse de fournir des matières propres à se liquéfier ; d'autres fois aussi les pertes se réparent ou par des forces naturelles, ou par des secours venus d'ailleurs ; car souvent un endroit vide, placé à côté d'un endroit plein, attire à soi le liquide ; et souvent la terre, portée à changer d'état, se fond et se résout en eau. Il s'opère sous la terre le même phénomène que dans les nuées : l'air s'épaissit, et dès lors, trop pesant pour ne pas changer de nature, il devient eau. Souvent les gouttelettes éparses d'un fluide délié se rassemblent, comme la rosée, et se réunissent en un réservoir commun. Les fontainiers donnent le nom de sueur à ces gouttes que fait sortir la pression du terrain, ou que fait transpirer la chaleur. Mais ces faibles écoulements formeront tout au plus une source. Il faut des causes puissantes et de riches réserves pour engendrer un fleuve. Il sort paisible, si l'eau n'est entraînée que par son propre poids ; impétueux et déjà bruyant, si elle est chassée par l'air qui s'y trouve mêlé.

XVI.

Mais d'où vient que quelques fontaines sont pleines six heures durant, et à sec pendant six autres heures ? Il serait superflu d'énumérer tous les fleuves qui grossissent dans certains mois, et dans d'autres sont fort réduits, ou de chercher les causes de chaque phénomène, quand la même peut s'appliquer à tous. De même que la fièvre quarte revient à son heure, que la goutte a ses époques fixes, les menstrues, si rien ne les arrête, leurs retours périodiques, et que l'enfant naît au mois où il est attendu ; ainsi les eaux ont leurs intervalles pour disparaître et pour se représenter. Ces intervalles sont parfois plus courts, et dès lors plus sensibles ; parfois plus longs, mais toujours réguliers. Faut-il s'en étonner, quand on voit l'ordre de l'univers et la marche invariable de la nature ? Jamais l'hiver ne se trompe d'époque ; l'été ramène ses chaleurs au temps voulu ; l'automne et le printemps les remplacent tous deux, à leur tour ; et le solstice et l'équinoxe ont leur jour certain. Sous cette terre aussi la nature a ses lois moins connues de nous, mais non moins constantes. Il faut admettre pour l'intérieur du globe tout ce qu'on voit à la surface. Là aussi sont de vastes cavernes, des abîmes immenses et de larges vallées creusées sous des montagnes suspendues. Là sont des gouffres béants et sans fond, où souvent glissèrent et s'engloutirent des villes, où d'énormes débris sont profondément ensevelis. Ces cavités sont pleines d'air, car le vide n'existe pas, et d'étangs sur lesquels pèsent de vastes ténèbres. Il y naît aussi des animaux, mais pesants et informes, à cause de l'air épais et sombre où ils sont conçus, et de ces eaux stagnantes où ils vivent : la plupart sont aveugles, comme les taupes et les rats souterrains qui n'ont pas d'yeux, parce qu'ils leur seraient inutiles. Enfin Théophraste affirme qu'en certains pays on tire de terre des poissons [1573] .

XVII.

Ici mille objections te seront suggérées par l'invraisemblance du fait que poliment tu te borneras à traiter de fable : comment croire qu'on aille à la pêche sans filets, sans hameçons, la pioche à la main ? Il ne manque plus, dis-tu, que d'aller chasser dans la mer. Mais pourquoi les poissons ne passeraient-ils pas sur notre élément ? ne passons-nous pas sur le leur ? Ce ne sera qu'un échange. Le phénomène t'étonne ? Et les œuvres du luxe ! ne sont-elles pas bien plus incroyables, alors qu'il contrefait ou qu'il dépasse la nature ? Le poisson nage sous les lits des convives : pris sous la table [1574] même, de suite il passe sur la table. Le rouget [1575] n'est pas assez frais, s'il ne meurt dans la main de l'invité. On le présente dans des vases de verre, on observe quelle est sa couleur dans l'agonie, par quelles nombreuses nuances le fait passer cette lutte de la vie qui s'éteint ; d'autres fois on le fait mourir dans le *garum* [1576] , et on le confit tout vivant. Et ces gens traitent de fable l'existence des poissons souterrains, qui s'exhument et ne se pèchent pas. N'est-il pas plus inadmissible que des poissons nagent dans la sauce, qu'en l'honneur du service [1577] on les tue au milieu du service même, qu'on se délecte longtemps à les voir pâmer, qu'on rassasie ses yeux avant son palais ?

XVIII.

Souffre que j'oublie un instant mon sujet pour m'élever contre la sensualité du siècle. Rien de plus beau, dit-elle, qu'un rouget expirant. Dans cette lutte, où son dernier souffle s'exhale, il se colore d'un rouge vif, qui peu après vient à pâlir : quelle succession ménagée de nuances, et par quelles teintes indécises il passe de la vie à la mort [1578] ! Dans quelle longue léthargie a sommeillé le génie des cuisines ! Qu'il s'est éveillé tard, et que tard il s'est aperçu des restrictions qui le sevraient de telles délices ! Un si grand, un si merveilleux spectacle avait fait jusque-là le plaisir de vils pêcheurs ! Qu'ai-je affaire d'un poisson tout cuit, qui ne vit plus ? Qu'il meure dans son assaisonnement. Nous admirions jadis qu'il y eût des gens assez difficiles pour ne pas toucher à un poisson qui ne fût du jour même, et, comme ils disent, qui ne sentît encore la mer. Aussi l'amenait-on en grande hâte, et les porteurs de marée, accourant hors d'haleine et avec grands cris, voyaient tout s'écarter devant eux. Où n'a-t-on pas poussé le raffinement ? Le poisson d'aujourd'hui, s'il a cessé de vivre, est déjà gâté pour eux. « C'est aujourd'hui qu'on l'a péché. » Je ne saurais me fier à vous sur un point de cette importance. Je ne dois en croire que moi-même ; qu'on l'apporte ici ; qu'il meure sous mes yeux. Le palais de nos gourmets est devenu si délicat, qu'ils ne peuvent goûter le poisson s'ils ne l'ont vu dans le repas même nager et palpiter. Tout ce que gagne de nouvelles ressources un luxe bientôt à bout d'inventions, est prodigué en combinaisons chaque jour plus subtiles, en élégances plus extravagantes, faisant fi des recettes connues. On nous disait hier : « Rien de meilleur qu'un rouget de rocher ; » on nous dit aujourd'hui : « Rien de plus charmant qu'un rouget qui rend le dernier souffle. Passez-moi le bocal ; que je l'y voie tressaillir et s'agiter. » Après un long et pompeux éloge, on le tire de ce vivier de cristal ; alors au plus fin connaisseur à en faire la démonstration : « Voyez comme il s'allume d'un pourpre éclatant, plus vif que le plus beau carmin ; voyez ces veines courir le long de ses flancs ; et le ventre ! il est tout sang, on le dirait [1579] ; et ce reflet d'azur qui a brillé comme l'éclair ! Ah ! il devient raide, il pâlit ; toutes ses couleurs expirent en une seule. » Pas un de ces hommes n'assiste à l'agonie d'un ami ; pas un n'a la force de voir la mort d'un père, cette mort qu'il a souhaitée. Combien peu suivent jusqu'au bûcher le corps d'un parent ! La dernière heure d'un frère, d'un proche est délaissée ; à celle d'un rouget on accourt en foule. Est-il, en effet, une plus belle chose ? Non, je ne puis retenir, en cas pareils, des expressions risquées et qui passent la vraie mesure : ils n'ont pas assez, pour l'orgie, des dents, de la bouche et du ventre : ils sont gourmands même par les yeux.

XIX.

Mais pour revenir à mon texte, voici une preuve que la terre nous cache de grands amas d'eau, fertiles en poissons immondes. Que cette eau vienne à sortir de la terre, elle apporte avec elle une foule prodigieuse d'animaux repoussants à l'œil comme au goût, et funestes à qui s'en nourrit. Il est certain que dans la Carie, aux environs de la ville d'Hydisse, il jaillit tout à coup une masse d'eau souterraine, et qu'on vit mourir tous ceux qui goûtèrent des poissons amenés par ce nouveau fleuve à la face du ciel jusqu'alors inconnu pour eux. Qu'on ne s'en étonne pas : c'étaient des masses de chair alourdies et tuméfiées par un long repos ; privés d'ailleurs d'exercice, et engraissés dans les ténèbres, ils avaient manqué de cette lumière d'où vient toute salubrité. Ce qui indique que des poissons peuvent naître sous terre et à cette profondeur, c'est qu'il naît des anguilles dans des trous creusés dans la vase, et que le même défaut d'exercice les rend d'autant plus lourdes à digérer, que les retraites où elles se cachent sont plus profondes. La terre renferme donc, et des veines d'eau dont la réunion peut former des fleuves, et en outre des rivières immenses, dont les unes poursuivent leur cours invisible jusqu'au golfe qui les absorbe ; d'autres émergent du fond de quelque lac. Personne n'ignore qu'il existe des lacs sans fond. Que conclurai-je de là ? Qu'évidemment les grands cours d'eau ont un réservoir permanent, dont les limites sont aussi peu calculables que la durée des fleuves et des fontaines.

XX.

Mais d'où viennent les différentes saveurs des eaux ? De quatre causes : d'abord, du sol qu'elles traversent ; ensuite, de la conversion de ce même sol en eau ; puis, de l'air qui aura subi pareille transformation ; enfin, de l'altération produite souvent par quelque agent délétère. Voilà ce qui donne aux eaux leurs saveurs diverses, leurs vertus médicinales, leur odeur forte, leurs exhalaisons mortelles, leur légèreté ou leur pesanteur, leur chaleur ou leur froid de glace. Elles se modifient selon qu'elles passent sur un sol saturé de soufre, de nitre ou de bitume. L'eau viciée de la sorte est une boisson qui peut donner la mort. Tel est ce fleuve des Cicones dont l'eau, selon Ovide,

> Pétrifie en passant l'estomac qu'elle arrose ;

> Le marbre enduit bientôt tout ce qu'on y dépose.

Elle est minérale et contient un limon de nature telle, qu'il solidifie et durcit les corps. Le sable de Pouzzoles devient pierre au contact de l'eau ; ainsi, par un effet contraire, l'eau de ce fleuve, en touchant un corps solide, s'y attache et s'y colle ; et tout objet qu'on jette dans son lit n'en est retiré qu'à l'état de pierre ; transformation qui s'opère en quelques endroits de l'Italie : une branche, une feuille plongée dans l'eau s'y change, au bout de quelques jours, en une pierre formée par le limon qui se dépose autour de ce corps, et y adhère insensiblement. La chose te paraîtra moins étrange si tu réfléchis que l'Albula et presque toutes les eaux sulfureuses enduisent d'une couche solide leurs canaux et leurs rives. Il y a une propriété analogue dans ces lacs dont l'eau, au dire du même poète,

> De qui s'y désaltère égare la pensée,

> Ou clôt d'un lourd sommeil sa paupière affaissée.

Elle agit comme le vin, mais avec plus de force. De même que l'ivresse, tant qu'elle n'est pas dissipée, est une démence, ou une pesanteur extrême qui jette dans l'assoupissement ; de même ces eaux sulfureuses, imprégnées d'un air nuisible et vénéneux, exaltent l'homme jusqu'au délire, ou l'accablent d'un sommeil de plomb. Les eaux du Lynceste ont cette maligne influence :

Quiconque en a trop bu tout aussitôt chancelle :

On dirait que le vin a troublé sa cervelle [1580] .

XXI.

Il y a des cavernes sur lesquelles on ne peut pencher la tête sans mourir ; l'empoisonnement est si prompt, qu'il fait tomber les oiseaux qui volent par-dessus. Tel est l'air et tel est le lieu d'où s'échappent ces eaux mortelles. Si la nature pestilentielle de l'air et du sol a moins d'énergie, leur malignité est moindre ; elle se borne à attaquer les nerfs, c'est comme une ivresse qui les engourdit. Je ne m'étonne pas que le sol et l'air corrompent l'eau et lui communiquent quelque chose des lieux d'où elle vient et de ceux qu'elle a traversés. La saveur des herbages se retrouve dans le lait ; et le vin, devenu vinaigre, garde, au goût, de sa qualité ; point de substance qui ne représente quelque trace de ce qui l'a produite.

XXII.

Il y a une autre espèce d'eaux que nous croyons aussi anciennes que le monde : s'il a toujours été, elles furent de tout temps ; s'il a eu un commencement, elles datent de la grande création. Et ces eaux, quelles sont-elles ? L'Océan et les mers méditerranées qui en sortent. Selon quelques philosophes, certains fleuves aussi, dont on ne peut expliquer la nature, sont contemporains du monde même ; comme l'Ister, le Nil, immenses cours d'eau, trop exceptionnels pour qu'on puisse leur donner la même origine qu'aux autres.

XXIII.

Telle est la division des eaux, établie par quelques auteurs. Après cela ils appellent célestes les eaux que les nuages épanchent du haut des airs ; dans les eaux terrestres ils distinguent celles que je nommerai surnageantes et qui rampent à la surface du sol, puis celles qui se cachent sous terre, et dont nous avons rendu compte.

XXIV.

D'où vient qu'il existe des eaux chaudes, quelques-unes même tellement bouillantes, qu'on ne peut en faire usage qu'après les avoir laissées s'évaporer à l'air libre, ou en les tempérant par un mélange d'eau froide ? On explique ce fait de plusieurs façons. Selon Empédocle, les feux qu'en maint endroit la terre couve et recèle, échauffent l'eau qui traverse les couches au-dessous desquelles ils sont placés. On fabrique tous les jours des serpentins, des cylindres, des vases de diverses formes, dans l'intérieur desquels on ajuste de minces tuyaux de cuivre qui vont en pente et forment plusieurs contours, et ainsi l'eau, se repliant plusieurs fois au-dessus du même feu, parcourt assez d'espace pour s'échauffer au passage. Elle entre froide, elle sort brûlante. Empédocle estime que la même chose a lieu sous terre ; et il n'aura pas tort dans l'opinion de ceux qui échauffent leurs bains sans y faire de feu. Dans un local déjà fort chaud on introduit un air brûlant qui, par les canaux où il passe, agit, comme ferait la présence du feu même, sur les murs et les ustensiles du bain. Ainsi, de froide qu'elle était, toute l'eau s'échauffe dans ses nombreux circuits ; et l'évaporation ne lui ôte pas sa saveur propre, parce qu'elle coule enfermée.

D'autres pensent que les eaux, en sortant ou en entrant dans des lieux remplis de soufre, empruntent leur chaleur à la matière même sur laquelle elles coulent, ce qu'attestent l'odeur même et le goût de ces eaux ; elles représentent les qualités de la substance qui les a échauffées. Que la chose ne t'étonne point : l'eau qu'on jette sur de la chaux vive ne bouillonne-t-elle pas ?

XXV.

Il y a des eaux mortelles qui ne se trahissent ni au goût ni à l'odorat. Près de Nonacris en Arcadie, une source, appelée Styx par les habitants, trompe les étrangers en ce qu'elle n'a ni aspect ni odeur suspecte ; ainsi les préparations des habiles empoisonneurs ne se révèlent que par l'homicide. Cette eau en un instant donne la mort ; et il n'y a pas de remède possible, parce qu'elle se coagule aussitôt qu'on la boit ; elle se prend, comme le plâtre mouillé, et colle les viscères. En Thessalie, auprès de Tempe, se trouve une eau dangereuse, qu'évitent les animaux et le bétail de toute espèce ; elle passe à travers le fer et l'airain : elle ronge, telle est sa force, les corps les plus durs [1581] ; aucun arbre ne croit sur ses bords, et eue fait mourir le gazon. Certains fleuves ont aussi des propriétés merveilleuses : quelques-uns colorent la laine des moutons qui y boivent ; en peu de temps les toisons noires deviennent blanches, et le mouton arrivé blanc s'en retourne noir. Il y a en Béotie deux fleuves de ce genre ; l'un, vu l'effet qu'il produit est appelé *Mélas* (*noir*) ; et tous deux sortent du même lac avec une vertu opposée. On voit aussi en Macédoine, au rapport de Théophraste, un fleuve où l'on amène les brebis dont on veut que la toison prenne la couleur blanche ; quand elles ont bu quelque temps de cette eau, leur laine est changée comme si on l'eût teinte. Si c'est de la laine noire que l'on veut, on a tout prêt un teinturier gratuit : on mène le troupeau aux bords du Pénée. Je vois dans des auteurs modernes qu'un fleuve de Galatie produit ce même effet sur tous les quadrupèdes ; qu'un autre, en Cappadoce, n'agit que sur les chevaux, dont il parsème le poil de taches blanches. Il y a des lacs dont l'eau soutient ceux qui ne savent pas nager ; le fait est notoire. On voyait en Sicile, et l'on voit encore en Syrie, un lac où les briques surnagent et où les corps pesants ne peuvent s'enfoncer. La raison en est palpable. : pèse un corps quelconque, et compares-en le poids avec celui de l'eau, pourvu que les volumes soient les mêmes ; si l'eau pèse davantage, elle supportera le corps plus léger qu'elle, et l'élèvera à une hauteur proportionnée à la légèreté de l'objet ; s'il est plus pesant, il descendra. Si l'eau et le corps comparés sont de poids égaux, il ne plongera ni ne montera ; il se nivellera avec l'eau, flottant, il est vrai, mais presque enfoncé et ne dépassant en rien la surface. Voilà pourquoi on voit flotter des poutres, les unes presque entièrement élevées sur l'eau, les autres à demi submergées, d'autres en équilibre avec le courant. En effet, quand le corps et l'eau sont d'égale pesanteur, aucun des deux ne cède à l'autre ; le corps est-il plus lourd, il s'enfonce ; plus léger, il surnage. Or, sa pesanteur et sa légèreté peuvent s'apprécier, non par nos mesures, mais par le poids comparatif du liquide qui doit le porter. Lors donc que l'eau est plus pesante qu'un homme ou qu'une pierre, elle empêche invinciblement la submersion. Il arrive ainsi que, dans certains lacs, les pierres même ne peuvent aller à fond. Je parle des pierres dures et compactes ; car il en est beaucoup de poreuses et de légères qui, en Lydie, forment des îles flottantes, au dire de Théophraste. J'ai vu moi-même une île de ce genre à Outilles : il en existe une sur le lac de Vadimon, une autre sur celui de Staton. L'île de Cutilies est plantée d'arbres et produit de l'herbe, et cependant l'eau la soutient : elle est poussée çà et là, je ne dis pas par le vent seulement, mais par la moindre brise ; ni jour ni nuit elle ne demeure stationnaire, tant elle est mobile au plus léger souffle ! Cela tient à deux causes : à la pesanteur d'une eau chargée de principes minéraux, et à la nature d'un sol qui se déplace facilement, n'étant point d'une matière compacte, bien qu'il nourrisse des arbres. Peut-être cette île n'est-elle qu'un amas de troncs d'arbres légers et de feuilles semées sur le lac, qu'une humeur glutineuse aura saisis et agglomérés. Les pierres même qu'on peut y trouver sont poreuses et perméables, pareilles aux concrétions que l'eau forme en se durcissant, surtout aux bords des sources, médicinales, où les immondices des eaux sont rapprochées et consolidées par l'écume. Un assemblage de cette nature, où il existe de l'air et du vide, a nécessairement peu de poids. Il est des choses dont on ne peut rendre compte : pourquoi par exemple, l'eau du Nil rend-elle les femmes fécondes au point que celles même dont une longue stérilité a fermé le sein deviennent capables de concevoir ? Pourquoi certaines eaux, en Lycie, ont-elles pour effet de maintenir le germe, et sont-elles visitées par les femmes sujettes à l'avortement ? Pour moi, ces idées populaires me semblent peu réfléchies. On a cru que certaines eaux donnaient la gale, la lèpre, parsemaient de taches blanches le corps de ceux qui en buvaient ou qui s'y lavaient : inconvénient qu'on attribue à l'eau de rosée. Qui ne croirait que ce sont les eaux les plus pesantes qui forment le cristal ? Or, c'est tout le contraire ; il est le produit des eaux les plus légères, qui par leur légèreté même se congèlent le plus facilement. Le mode de sa formation est indiqué par le nom même que les Grecs lui donnent : le mot κρύσταλλος rappelle, en effet, et le minéral diaphane, et la glace dont on croit qu'il se forme. L'eau du ciel, ne contenant presque point de molécules terreuses, une fois durcie, se condense de plus en plus par la continuité du froid jusqu'à ce que, totalement dégagée d'air, elle se comprime tout entière sur elle-même ; alors ce qui était eau devient pierre.

XXVI.

Il y a des fleuves qui grossissent en été, comme le Nil, nous expliquerons ailleurs ce phénomène. Théophraste affirme que, dans le Pont, certains fleuves ont leur crue à cette époque. On donne quatre raisons de ce fait : ou la terre alors est plus disposée à se changer en eau ; ou bien il tombe vers les sources des pluies qui, par des conduits souterrains et inaperçus, s'en vont alimenter ces fleuves ; ou bien leur embouchure est plus fréquemment battue par des vents qui refoulent leurs flots et arrêtent leur courant, lequel paraît grossir parce qu'il ne s'écoule plus. La quatrième raison est que les astres, dans certains mois, font sentir davantage aux fleuves leur action absorbante, tandis qu'à d'autres époques, étant plus éloignés, ils attirent et consument moins d'eau. Ainsi ce qui, auparavant, se perdait, produit une espèce de crue. On voit des fleuves tomber dans un gouffre où ils disparaissent aux regards ; on en voit d'autres diminuer graduellement, puis se perdre, et à quelque intervalle reparaître et reprendre leur nom et leur cours. Cela s'explique clairement ; ils trouvent sous terre des cavités, et l'eau se porte naturellement vers les lieux les plus bas et où des vides l'appellent. Reçus dans ces lits nouveaux, ils y suivent leur cours invisible ; mais, dès qu'un corps solide vient leur faire obstacle, ils le brisent sur le point qui résiste le moins à leur passage, et coulent de nouveau à l'air libre.

Tel le Lycus, longtemps dans la terre englouti,

Sous un ciel étranger renaît loin de sa source ;

Tel, perdu dans un gouffre et caché dans sa course,

L'Érasin reparaît dans les plaines d'Argos [1582].

Il en est de même du Tigre en Orient ; la terre l'absorbe, et il se fait chercher longtemps ; ce n'est qu'à une distance considérable (et on ne doute pas que ce ne soit le même fleuve), qu'on le voit sortir de l'abîme. Certaines sources rejettent, à des époques fixes, les immondices qu'elles contenaient ; ainsi fait l'Aréthuse en Sicile, tous les cinq ans, au temps des jeux olympiques. De là l'opinion que l'Alphée pénètre sous la mer de l'Achaïe jusqu'en Sicile, et ne sort de terre que sur le rivage de Syracuse ; et que, pour cette raison, durant les jours olympiques, il y apporte les excréments des victimes qu'on a jetés dans son courant. Ce cours de l'Alphée, mon cher Lucilius, tu l'as mentionné dans ton poème, toi comme Virgile, quand il s'adresse à Aréthuse :

Qu'ainsi jamais Doris aux bords siciliens

N'ose à tes flots mêler l'amertume des siens [1583].

Dans la Chersonèse de Rhodes se trouve une fontaine qui, après qu'on l'a vue longtemps pure, se trouble et élève du fond à la surface quantité d'immondices, dont elle ne cesse de se dégager tant qu'elle n'est pas redevenue tout à fait claire et limpide. D'autres fontaines se débarrassent, par le même moyen, non seulement de la vase, mais des feuilles, des tessons et de toute matière putréfiée qui y séjournait. La mer fait partout de même ; car il est dans sa nature de rejeter sur ses rivages toute sécrétion et toute impureté ; néanmoins, sur certaines plages ce travail est périodique. Aux environs de Messine et de Myles, elle vomit, en bouillonnant, et comme dans des accès de fièvre, une sorte de fumier d'une odeur infecte ; de là la fable a fait de cette île les étables des bœufs du Soleil. Il est en ce genre des faits difficiles à expliquer, surtout lorsque les périodes sont mal observées et incertaines. On ne saurait donc en donner une raison directe et spéciale ; mais, en général, on peut dire que toute eau stagnante et captive se purge naturellement. Car, pour les eaux courantes, les impuretés n'y peuvent séjourner ; le mouvement seul entraîne et chasse tout au loin. Celles qui ne se débarrassent point de cette manière ont un flux plus ou moins considérable. La mer élève du fond de ses abîmes des cadavres, des végétaux, des objets semblables à des débris de naufrage ; et ces purgations s'opèrent non seulement quand la tempête bouleverse les flots, mais par le calme le plus profond.

XXVII.

Ici je me sens invité à rechercher comment, quand viendra le jour fatal du déluge, la plus grande partie de la terre sera submergée. L'Océan avec toute sa masse et la mer extérieure se soulèveront-ils contre nous ? Tombera-t-il des torrents de pluies sans fin ; ou, sans laisser place à l'été, sera-ce un hiver opiniâtre qui brisera les cataractes du ciel, et en précipitera une énorme quantité d'eaux ; ou les fleuves jailliront-ils plus vastes du sein de la terre, qui ouvrira des réservoirs inconnus ; ou plutôt, au lieu d'une seule cause à un si terrible événement, tout n'y concourra-t-il pas, et la chute des pluies, et la crue des fleuves, et les mers chassées de leurs lits pour nous envahir ? Tous les fléaux ne marcheront-ils pas d'ensemble à l'anéantissement de la race humaine ? Oui, certes ; rien n'est difficile à la nature, quand surtout elle a hâte de se détruire elle-même. S'agit-il de créer, elle est avare de ses secours, et ne les dispense que pour d'insensibles progrès ; c'est brusquement, de toute sa force, qu'elle vient briser son œuvre. Que de temps ne faut-il pas pour que le fœtus, une fois conçu, se maintienne jusqu'à l'enfantement ! Que de peines pour élever cet âge si tendre ! que de soins pour le nourrir, pour conduire ses frêles organes jusqu'à l'adolescence ! Et comme un rien défait tout l'ouvrage ! Il faut tant d'années pour bâtir une ville, qu'une heure va ruiner ! un moment réduit en cendres une forêt d'un siècle [1584] . Un puissant mécanisme soutient et anime tout ; et, d'un seul coup, soudain tout vole en pièces. Que la nature vienne à fausser le moindre de ses ressorts, c'est assez pour que l'humanité périsse. Lors donc qu'arrivera l'inévitable catastrophe, la destinée fera surgir mille causes à la fois : une telle révolution n'aurait pas lieu sans une secousse universelle, comme pensent certains philosophes, et Fabianus est du nombre. D'abord tombent des pluies excessives ; plus de soleil aux cieux, qu'assombrissent les nuages et un brouillard permanent, sorti d'humides et épaisses ténèbres qu'aucun vent ne vient éclaircir. Dès lors le grain se corrompt dans la terre, et de maigres chaumes grandissent sans épis. Tout ce que sème l'homme se dénaturé, l'herbe des marais croît sur toute la campagne ; bientôt le mal atteint des végétaux plus puissants. Détaché de ses racines, l'arbre entraîne la vigne dans sa chute ; nul arbrisseau ne tient plus à un sol fluide et sans consistance ; les gazons, les pâturages, amis des eaux, sont balayés par elles. La famine sévit : la main se porte sur les aliments de nos premiers pères ; on secoue l'yeuse, le chêne et les arbres dont les racines implantées dans la masse pierreuse des montagnes ont pu résister. Les maisons chancellent rongées par l'eau qui pénètre jusqu'en leurs fondements affaissés, et qui fait de la terre un bourbier ; en vain veut-on étayer les édifices qui s'écroulent, les appuis glissent partout où ils portent, et sur ce sol boueux rien n'est ferme. Cependant les nuages s'entassent sur les nuages ; les neiges amoncelées par les siècles se fondent en torrents, se précipitent du haut des montagnes, arrachent les forêts déjà ébranlées, et roulent des quartiers de rochers qui n'ont plus de lien. Le fléau emporte pêle-mêle métairies, bergers et troupeaux [1585] ; et de l'humble cabane qu'il enlève en passant, il court au hasard attaquer des masses plus solides. Il entraîne les villes et les habitants prisonniers dans leurs murs, incertains s'ils doivent plus redouter ou la mort sous des ruines, ou la mort sous les ondes ; tant l'une et l'autre, calamité fondent sur eux de concert ! Bientôt l'inondation, accrue des torrents voisins qu'elle absorbe, va çà et là ravager les plaines, tant qu'enfin, chargée des immenses débris des nations, elle triomphe et domine au loin [1586] . A leur tour les fleuves que la nature a faits les plus vastes, poussés par les tempêtes, ont franchi leurs rives. Qu'on se figure le Rhône, le Rhin, le Danube, qui, sans quitter leur lit, sont déjà des torrents, qu'on se les figure débordés, et déchirant le sol pour se créer de nouveaux rivages en dehors de leurs cours. Quel impétueux développement, quand le Rhin, se jetant sur les campagnes, plus large et non moins rapide, roule à pleins bords et comme à l'étroit sur des plaines sans bornes ; quand le Danube, au lieu d'effleurer le pied ou le flanc des montagnes, vient battre leur cime, charriant des quartiers énormes de monts, des rocs qu'il disperse, de vastes promontoires arrachés de leur base chancelante et enlevés au continent ; lorsqu'enfin, ne trouvant plus d'issue, car il se les est toutes fermées, il se replie en cercle sur lui-même et enveloppe d'un seul tourbillon une immense étendue de terres et de cités !

Cependant les pluies continuent, le ciel se charge de plus en plus, et ainsi le mal dure et enfante le mal. Le brouillard devient nuit, nuit d'horreur et d'effroi coupée par intervalles d'une clarté sinistre ; car la foudre ne cesse de luire ; les tempêtes bouleversent la mer qui, pour la première fois, grossie par les fleuves qui s'y jettent, et trop resserrée dans son lit, va reculant ses bords. Elle n'est plus contenue par ses limites, mais par les torrents qui lui font obstacle et refoulent ses vagues en arrière ; puis eux-mêmes, en grande partie, refluent comme arrêtés à une embouchure trop restreinte et donnent aux champs l'aspect d'un lac immense. Tout ce que la vue peut embrasser est occupé par les eaux. Toute colline est cachée sous l'onde, dont la profondeur est partout immense ; les cimes seulement des plus hautes montagnes sont encore guéables. Là, sur ces sommités du globe, se sont réfugiés les hommes avec leurs enfants, leurs femmes, leurs troupeaux qu'ils chassent devant eux. Plus de communications pour ces malheureux, plus de passage d'un point à l'autre ; l'eau a tout comblé sous leurs pieds. Ainsi se cramponne à toutes les éminences ce qui reste du genre humain ; heureux encore, dans cette extrémité, d'être passé de l'épouvante à une stupeur morne ; la surprise n'a pas laissé place à l'effroi ; la douleur même n'est plus possible ; car elle perd sa force dès qu'on souffre au-delà de ce qu'on peut sentir. On voit donc s'élever, comme des îles, des pointes de montagnes, de nouvelles Cyclades, comme l'a si bien dit le plus ingénieux des poètes, qui ajoute, avec une magnificence digne du tableau :

Tout était mer ; la mer n'avait plus de rivages [1587] .

Mais le noble entraînement de son génie et du sujet devait-il se rabattre à ces puériles niaiseries :

C'est être peu sobre d'esprit que d'oser en faire sur ce globe dévoré par les eaux. Il était grand le poète, et cette immense scène de bouleversement, il l'embrassait bien dans ces vers :

Les fleuves ont couvert les plaines désolées,

Ont roulé sur les tours dans l'abîme écroulées.

Tout cela était beau, s'il ne se fût pas occupé de ce que faisaient les brebis et les loups. Nage-t-on dans un déluge qui emporte tout à la fois ? Et la même impétuosité qui entraîne les animaux ne les engloutit-elle pas ? Vous avez conçu, comme vous le deviez, l'image imposante de la terre s'abîmant toute sous l'eau, du ciel même qui fond sur la terre : soutenez ce ton : vous saurez ce qu'il convient de dire si vous songez que c'est tout un monde qui se noie [1588] . — Revenons maintenant à notre sujet.

XXVIII.

Quelques auteurs pensent que des pluies excessives peuvent dévaster le globe, non le submerger ; qu'il faut de grands coups contre une si grande masse ; que la pluie peut gâter les moissons, la grêle abattre les fruits, et les ruisseaux grossir les fleuves, mais qu'ils rentrent bientôt dans leurs lits. La mer se déplacera, assurent quelques autres : telle est la cause qui amènera ce grand cataclysme ; ni torrents, ni pluies, ni fleuves déchaînés ne peuvent produire l'universel naufrage. Quand l'heure fatale est tout proche, quand le renouvellement du genre humain est résolu, les eaux du ciel tombent sans interruption et ces pluies-là sont des torrents, je l'accorde ; plus d'aquilon ni de vent qui dessèche ; les autans multiplient les nuages, et les pluies, et les fleuves.

... Le mal, hélas ! incessamment s'augmente ;

Ces moissons, des mortels et l'espoir et l'amour,

Les travaux d'une année, ont péri sans retour [1589].

Il s'agit non plus de nuire à la terre, mais de l'engloutir. Tout cela n'est que préludes, après lesquels enfin les mers s'élèvent à une hauteur inusitée et portent leurs flots au-dessus du niveau extrême des plus grandes tempêtes. Puis les vents les chassent devant eux, et roulent d'immenses nappes d'eau qui vont se briser loin de la vue des anciens rivages. Lorsque la mer a reculé ses bords et s'est fixée sur un sol étranger, présentant la dévastation de plus près, un courant violent s'élance du fond de l'abîme. L'eau est en effet aussi abondante que l'air et que l'éther, et plus abondante encore dans les profondeurs où l'œil ne pénètre pas. Une fois mise en mouvement, non par le flux, mais par le destin, dont le flux n'est que l'instrument, elle se gonfle, elle se développe de plus en plus, et pousse toujours devant elle. Enfin, dans ses bonds prodigieux, elle dépasse ce que l'homme regardait comme d'inaccessibles abris. Et c'est pour l'eau chose facile ; sa hauteur serait celle du globe, si l'on tenait compte des points où elle est le plus élevée. Le niveau des mers s'égalise, comme aussi le niveau général des terres. Partout les lieux creux et plans sont les plus bas. Or, c'est cela même qui régularise la rondeur du globe, dont font partie les mers elles-mêmes, et elles contribuent pour leur part à l'égale inclinaison de la sphère. Mais, comme dans la campagne les pentes graduées échappent à la vue, de même les courbures de la mer sont inaperçues, et toute la surface visible paraît plane, quoique étant de niveau avec le continent. Aussi, pour déborder, n'a-t-elle pas besoin d'un énorme exhaussement ; il lui suffit, pour couvrir un niveau que le sien égalé, de s'élever quelque peu ; et ce n'est pas aux bords, mais au large où le liquide est amoncelé, que le flux commence. Ainsi, tout comme la marée équinoxiale, dans le temps de la conjonction du soleil et de la lune, est plus forte que toutes les autres, de même celle-ci, envoyée pour envahir la terre, l'emporte sur les plus grandes marées ordinaires, entraîne plus d'eaux avec elle ; et ce n'est qu'après avoir dépassé la cime des monts qu'elle doit couvrir, qu'enfin elle rétrograde. Sur certains points, la marée s'avance jusqu'à cent milles, sans dommage et d'un cours régulier ; car alors c'est avec mesure qu'elle croît et décroît tour à tour. Au jour du déluge, ni lois ni frein n'arrêtent ses élans. Quelles raisons à cela ? diras-tu. Les mêmes qu'à la future conflagration du monde. Le déluge d'eau ou de feu arrive lorsqu'il plaît à Dieu de créer un monde meilleur et d'en finir avec l'ancien. L'eau et le feu soumettent la terre à leurs lois ; ils sont agents de vie et instruments de mort. Lors donc que le renouvellement de toutes choses aura été résolu, ou la mer, ou des flammes dévorantes seront déchaînées sur nos têtes, selon le mode de destruction qui sera choisi.

XXIX.

D'autres y joignent les commotions du globe qui déchirent le sol et découvrent des sources nouvelles d'où jaillissent des fleuves, tels qu'en doivent vomir des réservoirs jusqu'alors intacts. Bérose, traducteur de Bélus, attribue ces révolutions aux astres, et d'une manière si affirmative, qu'il fixe l'époque de la conflagration et du déluge. « Le globe, dit-il, prendra feu quand tous les astres, qui ont maintenant des cours si divers, se réuniront sous le Cancer, et se placeront de telle sorte les uns sous les autres, qu'une ligne droite pourrait traverser tous leurs centres. Le déluge aura lieu quand toutes ces constellations seront rassemblées de même sous le Capricorne. Le premier de ces signes régit le solstice d'hiver ; l'autre, le solstice d'été. Leur influence à tous deux est grande, puisqu'ils déterminent les deux principaux changements de l'année. » J'admets aussi cette double cause ; car il en est plus d'une à un tel événement ; mais je crois devoir y ajouter celle que les stoïciens font intervenir dans la conflagration du monde. Que l'univers soit une âme, ou un corps gouverné par la nature, comme les arbres et les plantes, tout ce qu'il doit opérer ou subir, de son premier à son dernier jour, entre dans sa constitution, comme en un germe est enfermé tout le futur développement de l'homme [1590] . Le principe de la barbe et des cheveux blancs se trouve chez l'enfant qui n'est pas né encore ; il y a là en petit l'invisible ébauche de l'homme complet et de ses âges successifs. Ainsi le monde naissant portait en soi, outre le soleil, et la lune, et les révolutions des astres, et la reproduction des animaux, le principe de tous les changements terrestres et aussi de ce déluge qui, de même que l'hiver et l'été, est appelé pan la loi de l'univers. Il aura donc lieu non par les pluies seulement, mais aussi par les pluies ; non par l'irruption de la mer, mais entre autres causes par cette irruption ; non par une commotion du globe, mais par, cette commotion aussi. Tout viendra en aide à la nature, pour que les décrets de cette nature s'accomplissent. Mais la plus puissante cause de submersion sera fournie par la terre contre elle-même ; la terre, avons-nous dit, est transmuable et se résout en eau. Lors donc qu'aura lui le jour suprême de l'humanité, que les parties de ce grand tout devront se dissoudre ou s'anéantir complètement pour renaître complètes, neuves, purifiées de telle sorte qu'il ne reste plus aucune influence corruptrice, il se formera plus d'eau qu'on n'en aura vu jusqu'alors. Aujourd'hui les éléments sont répartis dans leur légitime proportion. Il faut que l'un d'eux se trouve en excès, pour que l'équilibre du monde soit troublé. C'est l'eau qui sera en excès ; maintenant elle ne peut qu'envelopper la terre, non la submerger. Tout accroissement devra donc la pousser à un envahissement. La terre donnera donc juste à l'élément liquide [1591] de quoi la faire elle-même céder à plus fort qu'elle. Elle commencera par s'amollir, puis se détrempera, se délayera et ne cessera de couler sous forme liquide. Alors bondiront, sous les montagnes ébranlées de leur choc, des fleuves qui fuiront ensuite sourdement par des fissures. Tout sol ne rendra que de l'eau ; du sommet des montagnes jailliront des sources ; et de même que la corruption s'étend à des chairs saines, et que les parties voisines d'un ulcère finissent par s'ulcérer, de proche en proche les terres en dissolution feront tout dissoudre autour d'elles ; l'eau sortira par filets, par courants ; et, des rochers entr'ouverts de toutes parts, des torrents courront dans les mers et, de toutes, n'en feront qu'une seule. Il n'y aura plus d'Adriatique, de détroit de Sicile, de Charybde, de Scylla ; la nouvelle mer noiera toute cette mythologie ; et l'Océan, aujourd'hui limite et ceinture du monde, en occupera le centre. Que dirai-je enfin ? L'hiver envahira les mois consacrés aux autres saisons ; l'été se verra exclu, et les astres qui dessèchent la terre perdront leur active chaleur. Elles périront toutes, ces dénominations de mer Caspienne et de mer Rouge, de golfe d'Ambracie et de Crète, de Pont et de Propontide : toute distinction périra. Alors sera confondu ce plan de la nature qui faisait du globe diverses parties. Ni remparts ni tours ne protégeront plus personne ; les temples ne sauveront pas leurs suppliants ; les hautes citadelles seront impuissantes ; l'onde, qui devancera les fuyards, les balayera de leurs créneaux. Elle fondra par masses de l'occident ; elle fondra de l'orient ; un seul jour ensevelira le genre humain. Tout ce que la Fortune a mis tant de temps et de complaisance à édifier, tout ce qu'elle a fait de supérieur au reste du monde, tout ce qu'il y a de plus fameux et de plus beau, grandes nations, grands royaumes, elle abîmera tout.

XXX.

Rien, je le répète, n'est difficile à la nature, quand surtout ce sont choses primitivement décrétées par elle, et que ce n'est pas brusquement qu'elle s'y porte, mais après maint avertissement. Dès le premier jour du monde, quand, pour former l'ordre actuel, tout se dégageait de l'informe chaos, l'époque de la submersion du globe fut fixée ; et afin que la tâche ne fût pas trop difficile pour les mers, si elle était toute nouvelle, elles y préludent depuis longtemps. Ne vois-tu pas comme le flot heurte le rivage et semble prêt à le franchir ? Ne vois-tu pas la marée passer au-delà de ses limites, et mener l'Océan à la conquête du monde ? Ne vois-tu pas cette guerre incessante des eaux contre leurs barrières ? Mais pourquoi tant redouter ces irruptions bruyantes, et cette mer, et ces débordements de fleuves si impétueux ? Où la nature n'a-t-elle point placé de l'eau pour nous assaillir de toutes parts quand elle voudra ? N'est-il pas vrai qu'en fouillant la terre, c'est de l'eau qu'on rencontre ? Toutes les fois que la cupidité, ou toute autre cause, pousse l'homme à s'enterrer dans les profondeurs du sol, les travaux cessent par la présence de l'eau.

Ajoute qu'il est dans l'intérieur du globe des lacs immenses, et plus d'une mer enfouie, et plus d'un fleuve qui roule sous nos pieds. Sur tous les points donc abonderont les éléments du déluge, puisque des eaux coulent et au-dessous et tout à l'entour de la terre : longtemps contenues, elles triompheront et réuniront les fleuves aux fleuves, les lacs aux lacs. La mer souterraine emplira les bassins des sources, dont elle fera d'immenses gouffres béants. De même que notre corps peut s'épuiser par un flux continuel, et nos forces se perdre par une transpiration excessive, la terre se liquéfiera, et, quand nulle autre cause n'y contribuerait, elle trouvera en elle-même de quoi se submerger. Je conçois ainsi le concours de toutes les grandes masses d'eaux, et la destruction ne sera pas longue à s'accomplir. L'harmonie du monde sera troublée et détruite, dès qu'une fois la nature se relâchera de sa surveillance tutélaire : soudain, de la surface et de l'intérieur de la terre, d'en haut et d'en bas l'irruption aura lieu. Rien de si violent, de si immodéré dans sa fougue, de si rebelle et terrible à ce qui lui résiste, qu'un immense volume d'eau. Usant de toute sa liberté, et puisque ainsi le voudra la nature, l'eau couvrira ce qu'elle sépare et environne maintenant. Comme le feu qui éclate sur plusieurs points se confond vite en un vaste incendie, tant les flammes ont hâte de se réunir ; ainsi, en un moment, les mers débordées ne feront qu'une masse de leurs ondes. Mais la licence des eaux ne sera pas éternelle. Après avoir consommé l'anéantissement du genre humain et des bêtes farouches dont l'homme aura pris les mœurs, la terre réabsorbera ses eaux ; la nature forcera les mers de rester immobiles, ou de rugir dans leurs limites ; chassé de nos domaines, l'Océan sera refoulé dans ses profondeurs et l'ancien ordre rétabli. Il y aura une seconde création de tous les animaux ; la terre reverra l'homme, ignorant le crime et né sous de meilleurs auspices. Mais cette innocence non plus ne doit durer que tant que les âmes sont neuves. La perversité gagne bientôt ; la vertu est difficile à trouver ; il faut un maître, un guide, pour aller à elle ; le vice s'apprend même sans précepteur.

Livre IV – Éloge de Lucilius. – Dangers de la flatterie. – Origine et description du Nil. – Phénomènes de la grêle, de la neige, de la glace, de la pluie. – La glace, comme consommation de luxe.

Préface.

Tu aimes donc, comme tu me l'écris, sage Lucilius, et la Sicile, et le loisir que te laisse ton emploi de gouverneur. Tu les aimeras toujours, si tu veux te tenir dans les limites de cette charge, et ne pas changer en souveraineté ce qui n'est qu'une délégation. Ainsi feras-tu, je n'en doute pas. Je sais combien tu es étranger à l'ambition et ami de la retraite et des lettres. Que ceux-là regrettent le tourbillon des affaires et du monde, qui ne peuvent se souffrir eux-mêmes. Toi, au contraire, tu es si bien avec toi ! Je ne m'étonne pas que peu d'hommes aient ce bonheur : nous sommes nos propres tyrans, nos persécuteurs ; malheureux tantôt de nous trop aimer, tantôt du dégoût de notre être ; tour à tour l'esprit enflé d'un déplorable orgueil ou tendu par la cupidité ; amollis par les plaisirs ou consumés d'inquiétudes, et, pour comble de misère, jamais seuls avec nous. Nécessairement, où tant de vices cohabitent, il y a lutte perpétuelle. Fais donc, cher Lucilius, ce que tu as coutume de faire. Sépare-toi, tant que tu pourras, de la foule, et ne prête pas le flanc aux adulateurs ; ils sont adroits à circonvenir les grands ; tu auras le dessous avec eux, si bien en garde que tu sois. Crois-moi, te laisser flatter, c'est te livrer à la trahison [1593] . Tel est l'attrait naturel de la flatterie : même lorsqu'on la rejette, elle plaît ; longtemps exclue, elle finit par se faire admettre ; car elle nous compte, comme un mérite de plus, de ne vouloir pas d'elle ; et les affronts même ne peuvent la décourager. On ne croirait pas ce que je vais dire, et pourtant cela est vrai : chacun de nous est surtout vulnérable à l'endroit qu'on attaque en lui ; peut-être, en effet, ne l'attaque-t-on que parce qu'il est vulnérable. Arme-toi donc bien [1594] , mais songe que tu ne sauras être à l'épreuve des blessures. Aurais-tu tout prévu, tu seras frappé au défaut de tes armes. L'un emploiera l'adulation avec déguisement et sobriété ; l'autre ouvertement, en face, affectant la brusquerie, comme si c'était franchise de sa part et non pas artifice. Plancus, le grand maître en ce genre avant Vitellius, disait qu'il ne faut ni mystère ni dissimulation dans la flatterie. « Elle perd ses avances, disait-il, si elle ne se trahit : heureux le flatteur qu'on prend sur le fait ! plus heureux celui qu'on réprimande, qu'on a fait rougir ! » Un personnage tel que toi doit s'attendre à bien des Plancus ; et le remède à un si grand mal n'est pas de refuser la louange. Crispus Passiénus, l'homme le plus subtil en toutes choses que j'aie connu, notamment dans l'appréciation et la cure des vices, disait souvent : « Nous mettons la porte entre nous et la flatterie, nous ne la fermons pas. Nous agissons avec elle comme avec une maîtresse. On aime que celle-ci pousse la porte, on est ravi qu'elle l'ait forcée. » Démétrius, philosophe du premier ordre, disait, il m'en souvient, à un fils d'affranchi puissant : « J'aurais, pour m'enrichir, une méthode aisée, le jour où je me repentirais d'être homme de bien. Je ne te cacherai pas ma recette : j'enseignerais à ceux qui ont besoin d'amasser comment, sans s'exposer aux risques de la mer, ni aux difficultés d'achat et de vente, sans tenter les profits peu sûrs de l'agriculture, ni ceux moins sûrs encore du barreau, ils trouveront moyen de faire fortune facilement, gaiement même, et de charmer les hommes en les dépouillant. Toi, par exemple, je jurerais que tu es plus grand que Fidus Annæus et qu'Apollonius le lutteur, quoique ta taille soit aussi ramassée que celle d'un Thrace aux prises avec un Thrace [1595]. Je dirais qu'on n'est pas plus libéral que toi, et je ne mentirais point ; on peut se figurer que tu donnes aux gens tout ce que tu ne leur prends pas. »

Oui, mon cher Junior, plus la flatterie est à découvert, plus elle est hardie, plus elle s'est endurci le front et a fait rougir celui des autres, plus son triomphe est prompt. Car on en est venu à ce point d'extravagance que qui nous loue modérément nous semble envieux. Je t'ai dit souvent que Gallion mon frère, qu'on aime encore trop peu quand on l'aime autant qu'on peut aimer, était étranger aux autres vices et avait, de plus, la flatterie en horreur ; tu l'as tâté sur tous les points. D'abord tu t'es émerveillé qu'ayant le plus grand, le plus beau génie du monde, il aimât mieux [1596] le retenir comme dans un sanctuaire, que de le livrer aux profanes : ce début l'a fait fuir. Tu as voulu louer cette modération qui met entre les richesses et lui une distance telle, qu'il ne semble ni les avoir ni les condamner : dès l'abord il t'a coupé la parole. Tu admirais cette affabilité et cette simplicité charmantes, qui ravissent ceux même auxquels il ne prend pas garde, et obligent, sans vouloir de retour, jusqu'à ceux qu'il ne voit qu'en passant ; car jamais mortel n'a su plaire à un seul autant qu'il plaît à tous, et cela avec un naturel si heureux et si entraînant, que rien chez lui ne sent l'art ni l'affectation. Chacun se laisse attribuer volontiers un mérite publiquement reconnu ; eh bien ! ici encore il résista à tes cajoleries, et tu t'écrias : « J'ai trouvé un homme invincible à des séductions auxquelles tout homme ouvre son cœur ! » Sa prudence, sa persévérance à éviter un mal inévitable étaient, de ton aveu, d'autant plus belles, que tu comptais le trouver accessible à des éloges qui, bien que faits pour chatouiller l'oreille, n'étaient que des vérités. Mais il n'y vit qu'une raison de plus pour les repousser : car c'est toujours à l'aide du vrai que le mensonge attaque la vérité. Toutefois, ne sois pas mécontent de toi, comme un acteur qui aurait mal joué son rôle, et comme si Gallion s'était douté de la comédie et du piège ; il ne t'a pas découvert, il t'a repoussé. C'est pour toi un exemple à suivre. Quand quelque flatteur s'approchera de toi, dis-lui : « Mon ami, ces compliments, qui passent d'un magistrat à l'autre avec les licteurs, portez-les à quelqu'un qui, prêt à vous payer de la même monnaie, veuille vous écouter jusqu'au bout. Moi, je ne veux pas duper, et je ne saurais être dupe ; vos éloges me tenteraient, si vous n'en donniez aussi aux méchants. » Mais qu'est-il besoin de descendre si bas que les flatteurs puissent se mesurer de près avec toi ? Tiens-les à longue distance. Quand tu souhaiteras de francs éloges, pourquoi les devrais-tu à autrui ? Loue-toi toi-même ; dis : « Je me suis voué aux études libérales, quoique la pauvreté me conseillât d'autres partis, et appelât mon génie à des travaux dont le salaire est immédiat. Un art tout désintéressé, la poésie, m'a séduit, et les salutaires méditations de la philosophie m'ont attiré. J'ai fait voir que tout cœur d'homme est capable de vertu ; j'ai su m'affranchir des entraves de ma naissance, et me mesurant non sur ma fortune, mais sur la hauteur de mon âme, j'ai marché l'égal des plus grands. Caligula n'a pu me faire trahir mon affection pour Gétulicus [1597] ; Messala et Narcisse, longtemps ennemis de Rome avant de l'être l'un de l'autre, n'ont pu triompher de mon dévouement à d'autres personnages qu'il était funeste d'aimer. J'ai offert ma tête pour garder ma foi. Pas une parole qui ne sortît d'une conscience pure ne m'a été arrachée. J'ai tout craint pour mes amis, je n'ai craint pour moi que de les avoir trop peu aimés. D'indignes pleurs n'ont point coulé de mes yeux ; je n'ai embrassé en suppliant les mains de personne. Je n'ai rien fait de messéant à un homme de bien, à un homme de cœur. Plus grand que mes périls, prêt à marcher au-devant de ceux qui me menaçaient, j'ai su gré à la Fortune d'avoir voulu éprouver quel prix j'attachais à ma parole. Il ne devait pas m'en coûter peu pour une si grande chose. La balance ne me tint pas longtemps incertain, car les deux poids n'étaient pas égaux : valait-il mieux sacrifier ma vie à l'honneur, ou l'honneur à ma vie ? Je ne me jetai pas d'un élan aveugle dans la résolution extrême qui m'eût arraché à la fureur des puissants du jour. Je voyais autour de Caligula des tortures, des brasiers ardents. Dès longtemps, je le savais, sous lui le monde était tombé dans une situation telle, que la mort simple passait pour un effet de sa clémence. Cependant je ne me suis point courbé sur la pointe d'un glaive, ni élancé, bouche béante, dans la mer : on aurait pu croire que pour mes amis je ne savais que mourir. » Ajoute que jamais les présents n'ont pu corrompre ton âme, et que, dans cette lutte si générale de cupidité, jamais tes mains ne se sont tendues vers le lucre. Ajoute ta frugalité, la modestie de tes paroles, tes égards pour tes inférieurs, ton respect pour tes supérieurs. Et puis, demande-toi si le rappel de tous ces mérites est vrai ou faux : s'il est vrai, tu auras été loué devant un précieux témoin ; s'il est faux, l'ironie n'aura été entendue de personne. Moi-même, maintenant, on pourrait croire que je veux te capter ou t'éprouver. Penses-en ce qu'il te plaira, et commence par moi à craindre tout le monde. Médite ce mot de Virgile :

Plus de foi nulle part... [1598]

Ou ces vers d'Ovide :

Partout règne Érinnys ; et, sous son char foulés,

Tous semblent par serment pour le crime enrôlés [1599] .

Ou ce trait de Ménandre (car est-il un beau génie qui, sur ce point, ne se soit ému, pour maudire ce fatal concert du genre humain qui se porte au mal ?) : « Nous sommes méchants, tous tant que nous sommes, » s'écrie le poète qui jette sa pensée sur la scène avec une rudesse campagnarde. Il n'est ni vieillard qu'il excepte, ni enfant, ni femme, ni homme ; il dit plus : ce n'est pas individuellement, ou en petit nombre, c'est en masse qu'on ourdit le crime. Il faut donc fuir, se recueillir en soi, ou plutôt encore se sauver de soi. Je veux tenter, bien que la mer nous sépare, de te rendre un service ; tu es peu sûr de ta route ; que je te prenne la main pour te guider vers un meilleur but ; et tu ne sentiras point ton isolement, je causerai d'ici avec toi. Nous serons réunis par la meilleure partie de notre être : nous nous donnerons mutuellement des conseils que le visage de l'auditeur ne modifiera point [1600] . Je te mènerai loin de ta Sicile, pour t'empêcher d'ajouter grande foi aux histoires et de venir à te complaire en toi-même chaque fois que tu te dirais : « Je la tiens sous mon autorité, cette province qui soutint le choc et brisa les armées des deux plus grandes cités du monde, alors qu'entre Rome et Carthage elle demeurait le prix d'une lutte gigantesque ; alors qu'elle vit les forces de quatre généraux romains, c'est-à-dire de tout l'empire, réunies sur un seul champ de bataille ; alors qu'elle ajouta encore à la haute fortune de Pompée, qu'elle fatigua celle de César, fit passer ailleurs celle de Lépide, leur servit à tous de théâtre, et fut témoin de ce prodigieux spectacle, où les mortels ont pu reconnaître avec quelle rapidité on glisse du faîte au plus bas degré, et par quelle variété de moyens la Fortune détruit les grands pouvoirs. Car la Sicile a vu, dans le même temps, Pompée et Lépide précipités, par une catastrophe différente, de la plus grande élévation dans l'abîme, Pompée fuyant l'armée d'un rival, Lépide sa propre armée. »

I.

Pour t'enlever tout à fait à ces souvenirs, et bien que la Sicile possède en elle et autour d'elle nombre de merveilles, je passerai sous silence tout ce qui est relatif à cette province, et reporterai tes réflexions sur un autre point. Je vais m'occuper avec toi d'une question que je n'ai point voulu traiter au livre précédent, savoir, pourquoi le Nil croît si fortement en été. Des philosophes ont écrit que le Danube est de même nature que ce fleuve, parce que leur source à tous deux est inconnue, et qu'ils sont plus forts l'été que l'hiver. Chacun de ces points a été reconnu faux : on a découvert que la source du Danube est en Germanie ; et s'il commence à croître en été, c'est quand le Nil reste encore enfermé dans son lit, dès les premières chaleurs, lorsque le soleil, plus vif à la fin du printemps, amollit les neiges, qu'il a dû fondre avant que le gonflement du Nil soit sensible. Pendant le reste de l'été, le Danube diminue, revient à ses proportions d'hiver et tombe même au-dessous.

II.

Mais le Nil grossit avant le lever de la canicule, au milieu de l'été, jusqu'après l'équinoxe. Ce fleuve, le plus noble de ceux que la nature étale aux yeux de l'homme, elle a voulu qu'il inondât l'Égypte à l'époque où la terre, brûlée par le soleil, absorbe plus profondément ses eaux, et doit en retenir assez pour subvenir à la sécheresse du reste de l'année. Car, dans ces régions qui s'étendent vers l'Éthiopie, les pluies sont nulles ou rares, et ne profitent point à un sol qui n'est pas habitué aux eaux du ciel. Tout l'espoir de l'Égypte, comme tu sais, est dans le Nil. L'année est stérile ou abondante, selon qu'il a été avare ou libéral de ses eaux. Jamais le laboureur ne consulte l'état du ciel. Mais pourquoi avec toi, mon poète, ne pas jouer à la métaphore, ne pas te décocher celle-ci, de ton cher Ovide :

Les champs n'implorent point Jupiter pluvieux [1601] ?

Si l'on pouvait découvrir où le Nil commence à croître, les causes de son accroissement seraient trouvées. Tout ce qu'on sait, c'est qu'après s'être égaré dans d'immenses solitudes où il forme de vastes marais, et se partage entre vingt nations, il rassemble d'abord autour de Philé ses flots errants et vagabonds. Philé est une île d'accès difficile, escarpée de toutes parts. Elle a pour ceinture deux rivières qui, à leur confluent, deviennent le Nil et portent ce nom. Le Nil entoure toute la ville : alors plus large qu'impétueux, il ne fait que sortir de l'Éthiopie et des sables à travers lesquels passe le commerce de la mer des Indes. Puis se présentent les Cataractes, lieu que la grandeur du spectacle a rendu fameux. Là, pour franchir des rochers aigus et ouverts sur plusieurs points, le Nil, irrité, soulève toutes ses forces ; brisé par les masses qu'il rencontre, il lutte dans d'étroits défilés ; vainqueur ou repoussé, sa violence reste la même. Alors, pour la première fois, se courrouce son onde arrivée d'abord sans fracas et d'un cours paisible ; fougueuse, elle se précipite en torrent par ces passages resserrés, elle n'est plus semblable à elle-même. Jusque-là, en effet, elle coule trouble et fangeuse ; mais une fois engagée dans ces gorges pierreuses, elle écume et prend une couleur qui ne lui est pas naturelle, que la résistance du lieu lui donne. Enfin, il triomphe des obstacles ; mais tout à coup le sol l'abandonne, il tombe d'une hauteur immense, et fait au loin retentir de sa chute les contrées d'alentour. Une colonie de Perses, fondée en cet endroit [1602] , ne pouvant supporter ce fracas assourdissant et continuel, fut forcée d'aller s'établir ailleurs. Parmi les merveilles du Nil, on m'a cité l'incroyable témérité des indigènes. Ils montent à deux une petite barque : l'un la dirige, l'autre, vide l'eau. Puis, longtemps ballottés par la rapidité furieuse du Nil et par ses contre-courants, ils gagnent enfin ses étroits canaux entre des rocs rapprochés qu'ils évitent ; ils glissent avec le fleuve tout entier, gouvernent le canot dans sa chute, et, au grand effroi des spectateurs, plongent la tête en bas : on croit que c'en est fait d'eux, qu'ils sont ensevelis, abîmés sous l'énorme masse, lorsqu'ils reparaissent bien loin de la cataracte, fendant l'onde comme un trait lancé par une machine de guerre. La cataracte ne les noie pas, elle les rend à une onde aplanie. Le premier accroissement du Nil se manifeste au bord de cette île de Philé dont je viens de parler. Un faible intervalle la sépare d'un rocher qui divise le fleuve, et que les Grecs nomment ἄβατον , parce que nul, excepté les prêtres, n'y met le pied ; c'est à que la crue commence à devenir sensible. Puis, à une longue distance, surgissent deux écueils, appelés dans le pays *veines du Nil* , d'où s'épand une grande quantité d'eau, pas assez grande, toutefois, pour couvrir l'Égypte. Ce sont des bouches où, lors du sacrifice annuel, les prêtres jettent l'offrande publique, et les gouverneurs des présents en or. Depuis cet endroit, le Nil, visiblement plus fort, s'avance sur un lit profondément creusé, et ne peut s'étendre en largeur, encaissé qu'il est par des montagnes. Mais libre enfin près de Memphis, et s'égarant dans les campagnes, il se divise en plusieurs rivières ; puis par des canaux artificiels, qui dispensent aux riverains telle quantité d'eau qu'ils veulent, il court se répandre sur toute l'Égypte. D'abord disséminé, il ne forme bientôt qu'une vaste nappe semblable à une mer bourbeuse et stagnante : la violence de son cours est paralysée par l'étendue des contrées qu'il couvre ; car il embrasse à droite et à gauche le pays tout entier. Plus le Nil s'élève, plus on compte sur une belle récolte. C'est un calcul qui ne trompe pas l'agriculteur, tant la hauteur du fleuve est l'exacte mesure de la fertilité qu'il crée ! Sur ce sol sablonneux, altéré, il amène et l'eau et l'humus. Comme, en effet, ses flots sont troubles, il en dépose tout le limon aux endroits qui se fendent de sécheresse : tout ce qu'il porte avec soi d'engrais, il en enduit les parties arides, et profite aux campagnes de deux manières : il les arrose en les fumant. Tout ce qu'il ne visite pas demeure stérile et désolé. Une crue excessive est pourtant nuisible. Le Nil a de plus cette vertu merveilleuse que, différent des autres fleuves qui balayent et ravinent le sol, lui, malgré sa masse si supérieure, loin de ronger ni d'enlever quoi que ce soit, il ajoute aux ressources du terrain ; et son moindre bienfait est de le rafraîchir, car le limon qu'il y verse, en désaltérant les sables, leur donne de la cohérence ; et l'Égypte lui doit non seulement la fertilité de ses terres, mais ses terres mêmes. C'est un spectacle magnifique que le Nil débordé sur les campagnes. La plaine en est couverte, les vallées ont disparu, les villes sortent de l'eau comme des îles. Les habitants du milieu des terres ne communiquent plus qu'en bateaux ; et moins elles voient de leur territoire, plus la joie des populations est grande [1603] . Lors même que le Nil se tient renfermé dans ses rives, il se décharge dans la mer par sept embouchures, dont chacune est une mer ; et il ne laisse pas d'étendre une foule de rameaux sans nom et sur sa droite et sur sa gauche. Il nourrit des monstres qui ne sont ni moins gros ni moins redoutables que ceux de la mer. On peut juger de sa grandeur par ce fait, que d'énormes animaux trouvent dans son sein une pâture et un parcours suffisants. Babillus, cet excellent homme, d'une instruction si rare en tout genre de littérature, dit avoir vu, pendant sa préfecture d'Égypte, à la bouche dite héracléotique, la plus large des sept, des dauphins venant de la mer, et des crocodiles menant du fleuve à leur rencontre une troupe des leurs qui livrèrent aux dauphins une sorte de combat en règle : les crocodiles furent vaincus par ces pacifiques adversaires, dont la morsure est inoffensive. Les crocodiles ont toute la région dorsale dure et impénétrable à la dent même d'animaux plus forts qu'eux ; mais le ventre est mou et tendre. Les dauphins, en plongeant, le leur entamaient avec la scie qu'ils portent saillante sur le dos, et dans leur élan de bas en haut les éventraient. Beaucoup de crocodiles furent décousus de la sorte ; les autres firent un mouvement de conversion et se sauvèrent. Cet animal fuit quand on le brave ; plein d'audace si on le craint. Les Tentyrites en triomphent, non par une vertu particulière de leur race ou de leur sang, mais par le mépris qu'ils en font, et par la témérité. Ils l'attaquent intrépidement ; ils lui jettent, dans sa fuite, un licou et le tirent à eux ; beaucoup de ces hommes périssent pour avoir manqué de présence d'esprit dans la poursuite.

Le Nil, autrefois, roulait une onde salée comme celle de la mer, au rapport de Théophraste. Il est constant que deux années de suite, la dixième et la onzième du règne de Cléopâtre, le Nil ne déborda point, ce qui prophétisait, disait-on, la chute de deux puissances : Antoine et Cléopâtre virent, en effet, crouler la leur. Dans les siècles

les plus reculés, le Nil fut neuf ans sans sortir de son lit, à ce que prétend Callimaque.

Abordons maintenant l'examen des causes qui font croître le Nil en été, et commençons par les plus vieux auteurs. Anaxagore attribue cette crue à la fonte des neiges qui, des montagnes de l'Éthiopie, descendent jusqu'au Nil. Ce fut l'opinion de toute l'antiquité. Eschyle, Sophocle, Euripide, énoncent le même fait ; mais une foule de raisons en font ressortir la fausseté. D'abord, ce qui prouve que l'Éthiopie est un climat brûlant, c'est le teint aduste de ses habitants, et les demeures que les Troglodytes se creusent sous terre. Les pierres y brûlent comme au sortir du feu, non seulement à midi, mais jusque vers le déclin du jour ; le sable est comme embrasé, et ne peut recevoir le pied de l'homme ; l'argent se sépare du plomb ; les soudures des statues se détachent ; sur quelque matière que l'on applique des ornements, le placage ne tient pas. L'Auster, qui souffle de ce point, est le plus chaud des vents. Les animaux qui se cachent au froid ne disparaissent là en aucun temps. Même en hiver, le serpent reste à la surface du sol, en plein air. A Alexandrie, déjà fort éloignée de ces excessives chaleurs, il ne tombe pas de neige ; plus haut on ne voit point de pluie. Comment donc une contrée où règnent de si grandes chaleurs aurait-elle des neiges qui durassent tout l'été ? S'y trouvât-il même des montagnes pour les recevoir, elles n'en recevraient jamais plus que le Caucase ou les montagnes de Thrace. Or, les fleuves de ces montagnes grossissent au printemps et au début de l'été, mais bientôt baissent au-dessous du niveau d'hiver. En effet, les pluies du printemps commencent la fonte des neiges, que les premières chaleurs achèvent de faire disparaître. Ni le Rhin, ni le Rhône, ni le Danube, ni le Caystre, ne sont sujets à cet inconvénient, ni ne grossissent l'été, quoiqu'il y ait de très hautes neiges sur les cimes du septentrion. Le Phase et le Borysthène auraient aussi leurs crues d'été, si, malgré les chaleurs, les neiges pouvaient grossir leur cours. Et puis, si telle était la cause des crues du Nil, c'est au commencement de l'été qu'il coulerait à plein canal ; car alors les neiges sont des plus abondantes et encore entières, et c'est la couche la moins dure qui fond. La crue du Nil dure quatre mois, gardant toujours le même niveau. A en croire Thalès, les vents étésiens repoussent le Nil à sa descente dans la mer, et suspendent son cours en poussant la mer contre ses embouchures. Ainsi refoulé, il revient sur lui-même, sans pour cela grossir ; mais l'issue lui étant barrée, il s'arrête, et bientôt, partout où il le peut, force le passage qui lui est refusé. Euthymène, de Marseille, en parle comme témoin : « J'ai navigué, dit-il, sur la mer Atlantique. Elle cause le débordement du Nil, tant que les vents étésiens se soutiennent ; car c'est leur souffle qui alors pousse cette mer hors de son lit. Dès qu'ils tombent, la mer aussi redevient calme, et le Nil à sa descente déploie moins de puissance. Du reste, l'eau de cette mer est douce, et nourrit des animaux semblables à ceux du Nil. » Mais pourquoi, si les vents étésiens font gonfler le Nil, la crue commence-t-elle avant la saison de ces vents, et dure-t-elle encore après ? D'ailleurs le fleuve ne grossit pas à mesure qu'ils soufflent plus violemment. Son plus ou moins de fougue n'est point réglé sur celle des vents étésiens, ce qui aurait lieu, si leur action le faisait hausser. Et puis ils battent la côte égyptienne, le Nil descend à leur encontre : il faudrait qu'il vint du même point qu'eux, si son accroissement était leur ouvrage. De plus, il sortirait pur et azuré de la mer, et non pas trouble comme il est. Ajoute que le témoignage d'Euthymène est réfuté par une foule d'autres. Le mensonge avait libre carrière, quand les plages étrangères étaient inconnues ; on pouvait de là nous envoyer des fables. A présent, la mer extérieure est côtoyée sur tous ses bords par des trafiquants dont pas un ne raconte qu'aujourd'hui le Nil soit azuré ou que l'eau de la mer soit douce. La nature elle-même repousse cette idée ; car les parties les plus douces et les plus légères sont pompées par le soleil. Et encore pourquoi le Nil ne croît-il pas en hiver ? Alors aussi la mer peut être agitée par des vents quelque peu plus forts que les étésiens, qui sont modérés. Si le mouvement venait de l'Atlantique, il couvrirait tout d'un coup l'Égypte : or l'inondation est graduelle. Œnopide de Chio dit que l'hiver la chaleur est concentrée sous terre ; ce qui fait que les cavernes sont chaudes, l'eau des puits relativement tiède, et qu'ainsi les veines de la terre sont desséchées par cette chaleur interne. Mais, dans les antres pays, les pluies font enfler les rivières. Le Nil, qu'aucune pluie n'alimente, diminue l'hiver et augmente pendant l'été, temps où la terre redevient froide à l'intérieur et les sources fraîches. Si cette cause était la vraie, tous les fleuves devraient grossir, et tous les puits hausser pendant l'été ; outre cela, la chaleur n'augmente pas, l'hiver, dans l'intérieur de la terre. L'eau, les cavernes, les puits semblent plus chauds, parce que l'atmosphère rigoureuse du dehors n'y pénètre pas. Ainsi ce n'est pas qu'ils soient chauds, c'est qu'ils excluent le froid. La même cause les rend froids en été, parce que l'air échauffé, qui en est loin, ne saurait passer jusque-là. Selon Diogène d'Apollonie, le soleil pompe l'humidité ; la terre desséchée la reprend à la mer et aux autres eaux. Or, il ne peut se faire qu'une terre soit sèche et l'autre riche d'humidité ; car elles sont toutes poreuses et perméables de l'une à l'autre. Les terrains secs empruntent aux humides. Si la terre ne recevait rien, elle ne serait que poussière. Le soleil attire donc les eaux ; mais les régions où elles se portent sont surtout les régions méridionales. La terre, desséchée, attire alors à elle plus d'humidité ; tout comme dans les lampes, l'huile afflue où elle se consume, ainsi l'eau se rejette vers les lieux où une forte chaleur et un sol altéré l'appellent. Or, d'où est-elle tirée ? Des points où règne un éternel hiver, du septentrion, où elle surabonde. C'est pourquoi le Pont-Euxin se décharge incessamment dans la Mer Inférieure avec tant de rapidité, non pas, comme les autres mers, par flux et reflux, mais par une pente toujours la même, et comme un torrent. Si elle ne suivait cette route, et par là ne rendait à telle partie ce qui lui manque, et ne soulageait telle autre de ce qu'elle a de trop, dès longtemps tout serait ou desséché ou inondé. Je voudrais demander à Diogène pourquoi, quand la mer et tous ses affluents passent les uns dans les autres, les fleuves ne sont pas partout plus grands en été ? Le soleil alors brûle l'Égypte avec plus de force ; voilà pourquoi le Nil s'élève. Mais ailleurs aussi les rivières grossissent quelque peu. Ensuite, pourquoi y a-t-il des contrées privées d'eau, puisque toutes l'attirent des autres contrées, et l'attirent d'autant plus qu'elles sont plus échauffées ? Enfin, pourquoi l'eau du Nil est-elle douce, si elle vient de la mer ? Car il n'en est point de plus douce au goût que celle de ce fleuve.

III.

Si je t'affirmais que la grêle se forme dans l'air, de même que la glace parmi nous, par la congélation d'une nuée entière, ce serait par trop de témérité. Range-moi donc dans la classe de ces témoins secondaires qui disent : « Je ne l'ai pas vu, certes, mais je l'ai ouï dire. » Ou encore, je ferai ce que font les historiens : ceux-ci, quand ils ont, sur nombre de faits, menti tout à leur aise, en citent quelqu'un dont ils ne répondent pas, et dont ils laissent à leurs auteurs la responsabilité. Si donc tu es disposé à me croire, Posidonius s'offre pour garant tant de ce que j'ai dit ci-dessus que de ce qui va suivre. Il affirmera, comme s'il y eût été, que la grêle provient de nuées pleines d'eau, ou même déjà changées en eau. Pourquoi les grêlons sont-ils de forme ronde ? Tu peux le savoir sans maître, si tu observes qu'une goutte d'eau s'arrondit toujours sur elle-même. Cela se voit sur les miroirs qui retiennent l'humidité de l'haleine, sur les vases mouillés, et sur toute surface polie. Vois même les feuilles des arbres, les herbes, où les gouttes qui s'y arrêtent demeurent en globules.

Quoi de plus dur qu'un roc ? quoi de plus mou que l'onde

Qui laisse au dur rocher une empreinte profonde [1604] ?

ou, comme a dit un autre poète :

Goutte à goutte en tombant l'eau creuse enfin la pierre [1605] .

Et ce creux est sphérique. D'où l'on voit que l'eau qui le produit l'est aussi, et se taille une place selon sa forme et sa figure. Au reste, il se peut, quand les grêlons ne seraient pas tels, que dans leur chute ils s'arrondissent, et que, précipités à travers tant de couches d'un air condensé, le frottement agisse sur tous et les façonne en boules. Cela ne saurait avoir lieu pour la neige ; elle est trop peu ferme, trop dilatée, et ne tombe pas d'une grande hauteur, mais se forme non loin de la terre. Elle ne traverse pas dans les airs un long intervalle ; elle se détache d'un point très rapproché. Mais pourquoi ne prendrais-je pas la même liberté qu'Anaxagore ? car c'est entre philosophes surtout qu'il doit y avoir égalité de droits. La grêle n'est que de la glace suspendue ; la neige est une congélation flottante parmi les frimas. Nous l'avons déjà dit : entre l'eau et la rosée il y a la même différence qu'entre le frimas et le glaçon, comme entre la neige et la grêle.

IV.

Le problème ainsi résolu, je pourrais me croire quitte ; mais je te ferai bonne mesure ; et, puisque j'ai commencé à t'ennuyer, je ne veux taire aucune des difficultés de la matière. Or on se demande pourquoi, en hiver, il neige et ne grêle pas ; et pourquoi, au printemps, les grands froids déjà passés, il tombe de la grêle. Car, au risque de me laisser tromper à ton dam, la vérité me persuade aisément, moi crédule, qui vais jusqu'à me prêter à ces légers mensonges, assez forts pour fermer la bouche, pas assez pour crever les yeux. En hiver l'air est pris par le froid, et dès lors ne tourne pas encore en eau, mais en neige, comme se rapprochant plus de ce dernier état. Avec le printemps, l'air commence à se dilater davantage ; et l'atmosphère, plus chaude, produit de plus grosses gouttes. C'est pourquoi, comme dit notre Virgile :

... Quand du printemps sur nous fondent les pluies [1606] ,

la transmutation de l'air est plus active, car il se dégage et se détend de toutes parts : la saison même l'y aide. Aussi les pluies sont-elles alors plus fortes et plus abondantes que continues. Celles de l'hiver sont plus lentes et plus menues ; ainsi l'on voit par intervalles tomber de rares et faibles gouttes mêlées de neige. Nous appelons temps neigeux les jours où le froid est intense et le ciel sombre. D'ailleurs, quand l'aquilon souffle et règne dans l'atmosphère, il ne tombe que de fines pluies ; par le vent du midi elles sont plus obstinées et les gouttes plus grosses.

V.

Voici une assertion de nos stoïciens que je n'ose ni citer, parce qu'elle me semble peu soutenable, ni laisser de côté. Car où est le mal d'en toucher quelque chose à un juge indulgent comme toi ? Et certes, vouloir éprouver à la coupelle tous les arguments, serait condamner les gens au silence. Il est si peu d'opinions sans contradicteur ! Celles même qui triomphent ont dû plaider. Les stoïciens disent que tout ce qu'il y a de glaces accumulées vers la Scythie, le Pont et les plages septentrionales se fond au printemps ; qu'alors les fleuves gelés reprennent leur cours, et que les neiges descendent en eau des montagnes. Il est donc à croire que de là partent des courants d'air froid qui se mêlent à l'atmosphère du printemps. Ils ajoutent à cela une chose dont je n'ai fait, ni ne songe à faire l'expérience. M'est avis que toi aussi tu te gardes, en voulant t'assurer de la vérité, d'expérimenter dans la neige. Ils disent que les pieds se refroidissent moins à fouler une neige ferme et durcie, qu'une neige ramollie par le dégel. Donc, s'ils ne mentent pas, tout le froid produit dans les régions du nord par la neige en dissolution et les glaçons qui se brisent, vient saisir et condenser l'air tiède et déjà humide des contrées du midi. Voilà comment ce qui devait être pluie devient grêle sous l'influence du froid.

VI.

Je ne puis me défendre de t'exposer toutes les folies de nos amis. N'affirment-ils pas que certains observateurs savent prédire, d'après les nuages, quand il y aura grêle, et qu'ils ont pu l'apprendre par l'expérience, en remarquant la couleur de ceux qui étaient toujours suivis de grêle ? Un fait incroyable, c'est qu'à Cléone il y avait des préposés publics, *chalazophylaques* ou pronostiqueurs de la grêle. Au signal qu'ils donnaient de l'approche du fléau, que penses-tu que faisaient les gens ? qu'ils couraient aux manteaux, aux couvertures ? Non : chacun, selon ses moyens, immolait soit un agneau, soit un poulet ; et vite, ayant goûté quelque peu de sang, la nuée glissait plus loin. Tu ris ? Écoute : tu vas rire plus encore. N'avait-on ni agneau, ni poulet ; sans risquer de se faire grand mal, on portait la main sur soi-même. Et ne crois pas que les nuages fussent bien avides ou cruels : un poinçon bien affilé piquait le doigt jusqu'au sang, et telle était la libation. Et la grêle ne se détournait pas moins du champ de ce pauvre homme que de celui où de plus riches sacrifices l'avaient conjurée.

VII.

D'où vient cela ? demandent quelques personnes. Les unes, comme il convient aux vrais sages, disent qu'il est impossible à qui que ce soit de faire un pacte avec la grêle et de se racheter de l'orage par de légères offrandes, bien que les dieux mêmes se laissent vaincre par des présents. Les autres supposent dans le sang une vertu particulière qui détourne les nuages et les repousse. Mais comment y aurait-il dans ce peu de sang une vertu assez forte pour pénétrer si haut et agir sur les nuages. N'était-il pas bien plus simple de dire : « Mensonge et fable que cela ! » Mais à Cléone, on rendait des jugements contre ceux qui étaient chargés de prévoir l'orage, lorsque, par leur négligence, les vignes avaient pâti ou que les moissons étaient couchées par terre. Et, chez nous, les douze Tables ont prévu le cas où quelqu'un *frapperait d'un charme les récoltes d'autrui* . Nos grossiers ancêtres croyaient qu'on attirait ou repoussait les pluies par des enchantements, toutes choses si visiblement impossibles, qu'il n'est besoin, pour s'en convaincre, d'entrer dans l'école d'aucun philosophe.

VIII.

Je n'ajouterai plus qu'une chose à laquelle tu adhéreras et applaudiras volontiers. On dit que la neige se forme dans la partie de l'atmosphère qui avoisine la terre, vu que cette partie est plus chaude, par trois raisons. D'abord, toute évaporation de la terre, ayant en soi beaucoup de molécules ignées et sèches, est d'autant plus chaude qu'elle est plus récente. Ensuite, les rayons du soleil sont répercutés par la terre et se replient sur eux-mêmes. Cette réflexion échauffe tout ce qui est près de la terre, et y envoie d'autant plus de calorique, que le soleil s'y fait doublement sentir. En troisième lieu, les hautes régions sont plus battues des vents, tandis que les plus basses y sont moins exposées.

IX.

Joins à cela un raisonnement de Démocrite : « Plus un corps est solide, plus il reçoit vite la chaleur, et plus long temps il la conserve. » Mets au soleil un vase d'airain, un de verre et un d'argent, la chaleur se communiquera plus vite au premier et y restera plus longtemps. Voici, en outre, les raisons de ce philosophe pour croire qu'il est ainsi : « Les corps plus durs, plus compactes, plus denses que les autres, ont nécessairement, dit-il, les pores plus petits, et l'air y pénètre moins. Par conséquent, de même que les petites étuves et les petites baignoires s'échauffent promptement, ainsi ces cavités secrètes et imperceptibles à l'œil sentent plus rapidement la chaleur, et, grâce à leurs étroites proportions, sont moins promptes à rendre ce qu'elles ont reçu. »

X.

Ce long préliminaire nous amène à la question. Plus l'air est proche de la terre, plus il est dense. De même que dans l'eau et dans tout liquide la lie est au fond, ainsi les parties de l'air les plus denses se précipitent en bas. Or, on vient de prou ver que les matières les plus compactes et les plus massives gardent le plus fidèlement la chaleur qu'elles ont contractée ; mais, plus l'air est élevé et loin des grossières émanations du sol, plus il est pur et sans mélange. Il ne retient donc pas la chaleur du soleil ; il la laisse passer comme à travers le vide, et par là même s'échauffe moins.

XI.

Cependant quelques-uns disent que la cime des montagnes doit être d'autant plus chaude qu'elle est plus près du soleil. C'est s'abuser, ce me semble, que de croire que l'Apennin, les Alpes et les autres montagnes connues par leur extraordinaire hauteur, soient assez élevés pour se ressentir du voisinage du soleil. Elles sont élevées relativement à nous ; mais, comparées à l'ensemble du globe, leur petitesse à toutes est frappante. Elles peuvent se surpasser les unes les autres ; mais rien n'est assez haut dans le monde pour que la grandeur même la plus colossale marque [1607] dans la comparaison du tout. Si cela n'était, nous ne définirions pas le globe une immense boule. Un ballon a pour forme distinctive une rondeur à peu près égale en tous sens, comme celle que peut avoir une balle à jouer. Ses fentes et ses coutures n'y font pas grand-chose, et n'empêchent pas de dire qu'elle est également ronde partout. Tout comme sur ce ballon ces solutions n'altèrent nullement la forme sphérique, ainsi, sur la surface entière du globe, les proportions des plus hautes montagnes ne sont rien, quand on les compare à l'ensemble. Ceux qui diraient qu'une haute montagne recevant de plus près le soleil, en est d'autant plus tôt chaude, n'ont qu'à dire aussi qu'un homme de taille élevée doit avoir plus tôt chaud qu'un homme de petite taille, et plus tôt chaud à la tête qu'aux pieds. Mais quiconque mesurera le monde à sa vraie mesure, et réfléchira que la terre n'est qu'un point dans l'espace, concevra qu'il ne peut y avoir à sa surface d'éminence telle, qu'elle sente davantage l'action des corps célestes, comme s'en approchant de plus près. Ces montagnes si hautes à nos yeux, ces sommets encombrés de neiges éternelles, n'en sont pas moins au plus bas du monde : sans doute elles sont plus près du soleil qu'une plaine ou une vallée, mais de la même façon qu'un cheveu est plus gros qu'un cheveu, un arbre qu'un arbre, une montagne qu'une autre montagne. Car alors on pourrait dire aussi que tel arbre est plus voisin du ciel que tel autre : ce qui n'est pas, parce qu'il ne peut y avoir grande différence entre de petites choses, qu'autant qu'on les rapproche entre elles. Quand on prend l'immensité pour point de comparaison, il n'importe de combien l'une des choses comparées est plus grande que l'autre ; car la différence fût-elle considérable, elle n'est toujours qu'entre deux atomes.

XII.

Mais, pour revenir à mon sujet, les raisons qui précèdent ont fait presque généralement croire que la neige se forme dans la partie de l'air la plus proche de la terre, et qu'elle est moins compacte que la grêle, parce que le froid qui l'a saisie est moindre. En effet, cette partie de l'air est trop froide pour tourner en eau et en pluie, mais pas assez pour se durcir en grêle. Ce froid moyen, qui n'est pas trop intense, produit la neige par la coagulation de l'eau.

XIII.

« Pourquoi, diras-tu, poursuivre si péniblement ces recherches frivoles qui jamais ne rendent l'homme plus instruit ni meilleur ? Tu dis comment la neige se forme : il serait bien plus utile de nous dire pourquoi la neige ne devrait pas s'acheter. » Tu veux que je fasse le procès au luxe, procès de tous les jours et sans résultat. Plaidons toutefois, et dût le luxe l'emporter, que ce ne soit pas sans combat ni résistance de notre part. Mais quoi ! penses-tu que l'observation de la nature ne conduise pas au but que tu me proposes ? Quand nous cherchons comment se forme la neige, quand nous disons qu'elle est de même nature que les gelées blanches, et qu'elle contient plus d'air que d'eau, n'est-ce pas, dis-moi, reprocher aux gens, outre la honte d'acheter de l'eau, la sottise d'acheter moins que de l'eau ? Pour nous, étudions plutôt comment se forme la neige, que comment elle se conserve ; car, non content de transvaser des vins centenaires et de les classer selon leur saveur et leur âge, on a trouvé moyen de comprimer la neige, de lui faire défier l'été, de la défendre contre les ardeurs de la saison par le froid des glacières.

Qu'avons-nous gagné à cet artifice ? De transformer en marchandise l'eau qu'on avait pour rien. On a regret que l'air, que le soleil ne puisse s'acheter, que ce jour qu'on respire arrive même aux hommes de plaisir et aux riches sans nulle peine et sans frais. Malheureux que nous sommes ! Il est quelque chose que la nature laisse en commun au genre humain ! Ce qu'elle fait couler à la portée de tous, pour que tous y puisent la vie, ce qu'elle prodigue si largement, si libéralement, pour l'usage tant de l'homme que des bêtes féroces, des oiseaux, des animaux les moins industrieux, la mollesse, ingénieuse à ses dépens, en a fait une chose vénale. Tant il est vrai que rien ne lui plaît s'il ne coûte ! Sous un rapport les riches descendaient au niveau de la foule ; ils ne pouvaient l'emporter sur le plus pauvre des hommes. Pour celui que son opulence embarrasse on s'avisa que l'eau elle-même pouvait être un objet de luxe. Comment sommes-nous arrivés à ne trouver aucune eau fluide assez fraîche ? Le voici. Tant que l'estomac reste sain, et s'accommode de choses salubres, tant qu'on le satisfait sans le surcharger, les boissons naturelles lui suffisent. Mais quand, grâce à des indigestions quotidiennes, il se sent altéré, non par l'ardeur de la saison, mais par un feu interne ; lorsqu'une ivresse non interrompue s'est fixée dans ses viscères, s'est tournée en bile qui dévore les entrailles, il faut bien chercher quelque chose pour vaincre cet incendie que l'eau redouble encore, que les remèdes ne font qu'attiser. Voilà pourquoi l'on boit de la neige non seulement en été, mais au cœur de l'hiver. Quel en serait le motif, sinon un mal intérieur, des organes ruinés par trop de jouissances, qui n'ont jamais obtenu un seul intervalle de relâche, mais où les dîners s'entassaient sur des soupers prolongés jusqu'au jour ; des organes distendus par le grand nombre et la variété des mets, et enfin perdus, noyés par l'orgie ? Et de tout ce qu'elle a pu digérer, l'incessante intempérance s'est fait un irritant de plus ; et une soif de rafraîchissements toujours plus énergiques s'est allumée en elle. On a beau entourer la salle du festin de draperies, de pierres spéculaires, triompher de l'hiver à force de feu, le gourmand affadi, débilité par son ardeur même, cherche toujours un stimulant qui le réveille. Tout comme on jette de l'eau fraîche sur l'homme évanoui et privé de sentiment pour le faire revenir à lui ; ainsi l'estomac engourdi par de longs excès ne sent plus rien, si un froid incisif ne le pénètre et ne le brûle. De là vient, je le répète, que la neige ne lui suffit plus, c'est la glace qu'il veut à tout prix, comme plus consistante, et par là concentrant mieux le froid. On la délaye dans l'eau qu'on y verse à plusieurs reprises ; et l'on ne prend pas le dessus des glacières, mais, pour que le froid ait plus d'intensité et de persistance, on extrait les morceaux du fond. Aussi n'est-elle pas toujours du même prix ; l'eau a non seulement ses vendeurs, mais, ô honte ! ses taux qui varient. Les Lacédémoniens chassèrent de leur ville les parfumeurs, et leur enjoignirent de passer au plus tôt la frontière, les accusant de perdre l'huile. Qu'auraient-ils fait, s'ils avaient vu ces provisions de neige en magasins, et tant de bêtes de somme occupées à transporter cette eau, dont la teinte et la saveur se dénaturent dans la paille qui la conserve ? Pourtant, grands dieux ! qu'il est aisé de satisfaire la soif naturelle ! Mais rien peut-il émouvoir un palais blasé, que la trop vive chaleur des mets a rendu insensible ? Par cela même qu'il ne trouve rien d'assez frais, rien n'est assez chaud pour lui. Des champignons brûlants, trempés à la hâte dans leur sauce, sont engloutis fumants encore, pour être à l'instant refroidis par des boissons saturées de neige. Oui, tu verras les hommes les plus frêles, enveloppés du palliolum et du capuchon, pâles et maladifs, non seulement boire mais manger la neige, et la faire tomber par morceaux dans leurs coupes de peur qu'entre chaque rasade leur vin ne tiédisse. Est-ce là une simple soif, dis-moi ? C'est une fièvre, d'autant plus violente que ni le pouls ni la chaleur de la peau ne la trahissent. C'est le cœur même que consume cette mollesse, mal indomptable, qui à force de langueur et d'énervement s'est endurci à tout souffrir. Ne voit-on pas que tout s'émousse par l'habitude ? Aussi cette neige même, dans laquelle vous nagez, pour ainsi dire, n'est arrivée par l'usage et par la docilité journalière de vos estomacs, qu'à tenir lieu d'eau. Cherchez encore quelque substance plus glacée ; ce n'est plus rien qu'un stimulant si familier.

Livre V – Ce que c'est que le vent. Diverses sortes de vents. Leurs avantages. Comment l'homme en a fait des instruments de malheurs.

I.

Le vent est un écoulement d'air. Selon quelques-uns, c'est l'air qui prend cours sur un point. Cette définition semble plus exacte, parce que l'air n'est jamais tellement immobile qu'il n'éprouve quelque agitation. Ainsi l'on dit que la mer est tranquille, quand elle n'est que légèrement émue et qu'elle ne se porte pas tout d'un côté. Lors donc que tu liras :

Quand la mer et les vents sommeillaient... [1609] ,

dis-toi bien qu'il n'y a pas là immobilité, mais faible soulèvement ; que l'on nomme calme l'état d'une mer qui ne se meut pas plus fort dans un sens que dans l'autre. Il faut en dire autant de l'air, qui n'est jamais sans mouvement, fût-il même paisible ; et tu vas le concevoir. Quand le soleil s'insinue dans quelque lieu fermé, nous voyons de minimes corpuscules voler à sa rencontre, monter, descendre, s'entrechoquer de mille manières. Ce serait donc donner une définition incomplète que de dire : « Les flots sont une agitation de la mer, » car cette agitation existe même lorsque la mer est tranquille. Pour éviter toute surprise, il faut dire : « Les flots sont une agitation de la mer poussée en un sens. » De même, dans la question actuelle, on échappe aux contradicteurs, si l'on dit : « Le vent est un air qui prend cours vers un point ; ou un cours d'air impétueux, ou un effort de l'air vers un seul côté, ou un de ses élans plus fort que de coutume. » Je sais ce qu'on peut répondre à propos de la première définition : qu'est-il besoin d'ajouter que c'est vers un point qu'il prend cours ? Nécessairement ce qui court, court vers un point quelconque. Nul ne dit que l'eau court, quand elle se meut sur elle-même ; c'est quand elle se porte quelque part ; il peut donc y avoir mouvement, sans qu'il y ait cours ; et en revanche, il ne peut y avoir cours qui ne tende quelque part. Si cette brève définition est à l'abri de la critique, employons-la ; si l'on y veut plus de scrupule, ne lésinons pas sur un mot dont l'addition préviendrait toute chicane.

131

Venons maintenant à la chose même ; c'est assez discuter sur les termes.

II.

Démocrite dit que le vent se forme lorsque dans un vide étroit sont réunis un grand nombre de corpuscules, qu'il appelle atomes ; l'air, au contraire, est calme et paisible, lorsque dans un vide considérable ces corpuscules sont peu nombreux. Dans une place, dans une rue, tant qu'il y a peu de monde, on circule sans embarras ; mais si la foule se presse en un passage étroit, les gens qui se renversent les uns sur les autres se prennent de querelle ; ainsi, dans l'atmosphère qui nous environne, qu'un espace exigu soit rempli d'un grand nombre d'atomes, il faudra qu'ils tombent l'un sur l'autre, qu'ils se poussent et repoussent, qu'ils s'entrelacent et se compriment. De là se produit le vent, lorsque ces corps qui luttaient entre eux commencent à céder et à fuir après une longue fluctuation. Dans un espace considérable où nageront quelques atomes, il n'y aura ni choc ni impulsion.

III.

Cette théorie est fausse ; et ce qui le prouve, c'est que parfois il n'y a pas le moindre vent quand l'air est tout chargé de nuages. Alors pourtant il y a plus de corps pressés et à l'étroit, ce qui produit l'épaisseur et la pesanteur des nuages. Ajoute qu'au-dessus des fleuves et des lacs s'élèvent fréquemment des brouillards dus à l'agglomération de corpuscules condensés, sans que pour cela il y ait du vent. Quelquefois même le brouillard est assez épais pour dérober la vue des objets voisins ; ce qui n'aurait pas lieu sans l'entassement d'une multitude d'atomes sur un petit espace. Jamais pourtant il n'y a moins de vent que par un temps nébuleux ; c'est même le contraire qui arrive : le soleil, au matin, dissout en se montrant, les vapeurs humides qui épaississent l'air. Alors le vent se lève, après que la masse de ces corpuscules, enfin dégagée, se résout et se dissémine.

IV.

Comment donc se forment les vents, puisque tu nies, qu'ils se forment [1610] comme le veut Démocrite ? —De plus d'une manière. Tantôt c'est la terre elle-même qui exhale et chasse à grands flots l'air de son sein ; tantôt, lorsqu'une grande et continuelle évaporation a poussé de bas en haut ces exhalaisons, c'est de leur modification et de leur mélange avec l'air que naît le vent. Car je ne puis me résoudre à admettre ni à taire cette idée que, tout comme dans le corps humain la digestion donne lieu à des vents qui offensent vivement l'odorat, et dont nos entrailles se débarrassent tantôt bruyamment, tantôt en silence ; de même cet immense corps de la nature enfante des vents lorsqu'il digéré. Il est heureux pour nous que ses digestions soient toujours bonnes : autrement nous aurions à craindre quelque chose de bien suffoquant. Ne serait-il pas plus vrai de dire que de toutes les parties du globe il s'élève incessamment des niasses de corpuscules qui, d'abord agglomérés, puis raréfiés peu à peu par l'action du soleil, exigent, comme tout corps comprimé qui se dilate, un espace plus considérable, et donnent naissance au vent ?

V.

Eh quoi ! n'y aurait-il pas, selon toi, d'autre cause des vents que les évaporations de la terre et des eaux qui, après avoir pesé sur l'atmosphère, se séparent impétueusement, et, de compactes qu'elles étaient, venant à se raréfier, s'étendent nécessairement plus au large ? J'admets aussi cette cause. Mais une autre beaucoup plus vraie et la plus puissante, c'est que l'air a naturellement la propriété de se mouvoir, qu'il n'emprunte point d'ailleurs, mais qui est en lui tout comme mainte autre faculté. Peux-tu croire que l'homme ait reçu la puissance de se mouvoir, et que l'air seul demeure inerte et incapable de mouvement ? L'eau n'a-t-elle pas le sien, même en l'absence de tout vent ? Autrement elle ne produirait aucun être animé. Ne voyons-nous pas la mousse naître dans son sein, et des végétaux flotter à sa surface ?

VI.

Il y a donc un principe vital dans l'eau : que dis-je dans l'eau ? Le feu, par qui tout se consume, est lui-même créateur, et, chose invraisemblable, qui pourtant est vraie, certains animaux lui doivent naissance. Il faut donc que l'air possède une vertu analogue ; et c'est pourquoi tantôt il se condense, tantôt se dilate et se purifie ; d'autres fois, il rapproche ses parties, puis il les sépare et les dissémine. Il y a donc entre l'air et le vent la même différence qu'entre un lac et un fleuve. Quelquefois le soleil lui seul produit le vent, en raréfiant l'air épaissi, qui perd, pour s'étendre, sa densité et sa cohésion.

VII.

Nous avons parlé des vents en général ; entrons mainte nant dans le détail. Peut-être découvrirons-nous comment ils se forment, si nous découvrons quand et où ils prennent leur origine. Examinons d'abord ceux qui soufflent avant l'aurore et qui viennent des fleuves, des vallées, ou des golfes. Tous ces vents n'ont point de persistance, ils tombent dès que le soleil a pris de la force, et en même vont pas jusqu'où la terre cesse d'être en vue. Ces sortes de vents commencent au printemps et ne durent pas au-delà de l'été ; ils viennent surtout des lieux où il y a beaucoup d'eau et beaucoup de montagnes. Bien que l'eau abonde dans les pays de plaine, ils manquent d'air, je dis de cet air qui peut s'appeler vent.

VIII.

Comment donc se forme ce vent que les Grecs nomment *Encolpias* ? Toutes les exhalaisons des marais et des fleuves (et elles sont aussi abondantes que continues) alimentent le soleil pendant le jour ; la nuit, elles cessent, d'être pompées ; et renfermées dans les montagnes, elles se concentrent sur le même point. Quand l'espace est rempli et ne peut plus les contenir, elles s'échappent par où elles peuvent, et se portent toutes du même côté ; de là naît le vent. Le vent fait donc effort où il trouve une issue plus libre et une capacité plus grande pour recevoir tout cet amas de vapeurs. La preuve de ce fait, c'est que, durant la première partie de la nuit, il n'y a pas de vent, parce que c'est alors que commencent à s'entasser ces vapeurs qui regorgent déjà vers le point du jour, et cherchent un écoulement pour se décharger ; elles se portent du côté où s'offre le plus de vides et où s'ouvre un champ vaste et libre. Le soleil levant les stimule encore davantage en frappant cette atmosphère froide. Car, avant même qu'il paraisse, sa lumière agit déjà ; ses rayons n'ont pas encore fouetté l'air, que déjà il le harcèle et l'irrite, par cette lumière qu'il envoie devant soi. Mais quand il se montre lui-même, il attire en haut une partie de ces émanations, et dissout l'autre par sa chaleur. Aussi ces courants d'air ne sauraient-ils durer plus tard que l'aurore ; toute leur force tombe en présence du soleil ; les plus violents s'alanguissent vers le milieu du jour, et jamais ne se prolongent au-delà de midi. Les autres sont plus faibles, moins continus, et en raison des causes plus ou moins puissantes qui les engendrent.

IX.

Pourquoi les vents de cette espèce ont-ils plus de force au printemps et en été ? car ils sont très faibles le reste de l'année et ne vont pas jusqu'à enfler les voiles. C'est que le printemps est une saison humide, et que la grande quantité des eaux et des lieux que sature et arrose l'humidité naturelle de l'atmosphère augmente les évaporations. Mais pourquoi soufflent-ils de même l'été ? Parce qu'après le coucher du soleil la chaleur du jour dure encore et persiste une grande partie de la nuit : elle facilite la sortie des vapeurs, et attire puissamment toutes les émissions spontanées de la terre ; après quoi la force lui manque pour les consumer. Ainsi la durée des émanations et des exhalaisons du sol et des eaux est plus longue que dans les temps ordinaires : or le soleil, à son lever, produit du vent non seulement par sa chaleur, mais encore par la percussion. Car la lumière qui, comme je l'ai dit, précède le soleil, n'échauffe pas encore l'atmosphère, elle la frappe seulement. Ainsi frappé, l'air s'écoule latéralement. Je ne saurais pourtant accorder que la lumière soit par elle-même sans chaleur, puisque c'est la chaleur qui la produit. Peut-être n'a-t-elle pas autant de chaleur que son action le ferait croire ; elle n'en a pas moins son effet, en divisant, en atténuant les vapeurs condensées. Les lieux mêmes que la nature jalouse tient pour ainsi dire clos et inaccessibles au soleil sont du moins réchauffés par une lumière louche et sombre, et moins froids de jour que de nuit. D'ailleurs le propre de la chaleur est de chasser, de repousser loin d'elle les brouillards. Le soleil doit donc en faire autant ; d'où quelques-uns se sont figuré que le vent part d'où part le soleil ; opinion évidemment fausse, puisque le vent porte les vaisseaux de tous côtés, et qu'on navigue à pleines voiles vers l'orient ; ce qui n'aurait pas lieu, si le vent venait toujours du côté du soleil.

X.

Les vents étésiens, dont on veut tirer un argument, ne prouvent guère ce qu'on avance. Exposons cette opinion avant de donner les motifs qui nous la font rejeter. « Les vents étésiens, dit-on, ne soufflent pas en hiver ; les jours alors étant trop courts, le soleil disparaît avant que le froid soit vaincu ; les neiges peuvent s'amonceler et durcir. Ces vents ne commencent qu'en été, lorsque les jours deviennent plus longs et que le soleil nous darde ses rayons verticalement. Il est donc vraisemblable que les neiges, frappées d'une chaleur plus pénétrante, exhalent plus d'humidité, et qu'à son tour la terre, débarrassée de cette enveloppe, respire plus librement. Il se dégage donc de la partie nord de l'atmosphère plus de corpuscules, qui refluent dans les régions basses et chaudes. De là l'essor des vents étésiens ; et s'ils commencent dès le solstice et ne tiennent pas au-delà du lever de la canicule, c'est que déjà une grande partie des émanations septentrionales a été refoulée vers nous ; au lieu que, quand le soleil changeant de direction est plus perpendiculairement sur nos têtes, il attire à lui une partie de l'atmosphère et repousse l'autre. C'est ainsi que l'haleine des vents étésiens tempère l'été, et nous protège contre la chaleur accablante des mois les plus brûlants. »

XI.

Maintenant, comme je l'ai promis, expliquons pourquoi ces vents ne sont d'aucun secoure et ne fournissent aucune preuve à la cause que je combats. Nous disons que l'aurore éveille le souffle du vent, qui baisse sitôt que l'air a été touché du soleil : or, les gens de mer nomment les étésiens dormeurs et paresseux, attendu, comme dit Gallion, qu'ils ne sauraient se lever matin ; ils ne font acte de présence qu'à l'heure où les vents les plus opiniâtres ont cessé, ce qui n'arriverait pas si le soleil les paralysait comme les autres. Ajoute que, s'ils avaient pour cause la longueur du jour et sa durée, ils souffleraient avant le solstice, temps où les jours sont le plus longs et la fonte des neiges le plus active ; car, au mois de juillet, la terre est tout à fait découverte, ou du moins fort peu d'endroits sont encore cachés sous la neige.

XII.

Certains vents sortent de nuages qui crèvent et se dissolvent en s'abaissant ; les Grecs les appellent *Ecnéphies* . Voici, je pense, le mode de leur formation : l'évaporation terrestre jette dans les airs une quantité de corpuscules hétérogènes et d'inégales dimensions, les uns secs, les autres humides. Quand toutes ces matières antipathiques et qui luttent entre elles sont réunies en un même ensemble, il est vraisemblable qu'il se forme des nuages creux, entre lesquels s'établissent des intervalles cylindriques, étroits comme le tuyau d'une flûte. Dans ces intervalles est enfermé un air subtil, qui aspire à s'étendre plus au large dès qu'un passage obstrué le comprime, l'échauffé et ainsi le dilate ; alors il déchire son enveloppe, il s'élance : c'est un vent rapide, orageux presque toujours, vu la hauteur dont il descend et l'énergie, la fougue que lui donne sa chute. Car il n'est pas libre ni dégagé dans sa course ; il est contraint, il lutte et s'ouvre de force une route. D'ordinaire cette fureur dure peu. Comme il a brisé les nuages qui lui servaient de retraite et de prison, il arrive avec impétuosité, accompagné quelquefois du tonnerre et de la foudre. Ces sortes de vents sont beaucoup plus forts et durent davantage, quand ils absorbent dans leur cours d'autres vents issus des mêmes causes, et que plusieurs n'en font qu'un seul. Ainsi les torrents n'ont qu'une grandeur médiocre tant qu'ils courent isolés ; mais le grand nombre de cours d'eau qu'ils s'approprient les rend plus considérables que des fleuves réglés et permanents. On peut croire qu'il en est de même des ouragans : ils durent peu, tant qu'ils soufflent seuls ; mais dès qu'ils ont associé leurs forces, et que l'air, chassé de plusieurs points de l'atmosphère, se ramasse sur un seul, ils y gagnent plus de fougue et de persistance.

XIII.

Un nuage qui se dissout produit donc du vent ; or, il se dissout de plusieurs manières : ce globe de vapeurs est crevé quelquefois par les efforts d'un air enfermé qui cherche à sortir, quelquefois par la chaleur du soleil, ou par celle que de terminent le choc et le frottement de ces masses énormes. Nous pouvons, si tu le veux, examiner ici comment se forment les tourbillons. Tant qu'un fleuve coule sans obstacle, son cours est uniforme et en droite ligne. S'il rencontre un rocher qui s'avance du rivage dans son lit, ses eaux rebroussent faute de passage, et se replient circulairement. Elles tournent ainsi et s'absorbent sur elles-mêmes : le tourbillon est formé. De même le vent, tant que rien ne le contrarie, déploie ses forces droit devant lui. Repoussé par quelque promontoire, ou resserré par le rapprochement de deux montagnes dans la courbure d'un canal étroit, il se roule sur lui-même à plusieurs reprises, et forme un tourbillon semblable à ceux qu'on voit dans les fleuves, comme nous venons de le dire. Ce vent donc, mû circulaire ment, qui tourne autour du même centre, et s'irrite par son propre tournoiement, s'appelle tourbillon. Avec plus de fougue et plus de durée dans sa circonvolution, il s'enflamme et devient ce que les Grecs nomment *prester* : c'est le tourbillon de feu. Ces tourbillons sont presque aussi dangereux que le vent qui s'échappe des nuages ; ils emportent les agrès des vaisseaux, ils soulèvent tout un navire dans les airs. Il y a des vents qui en engendrent de tout différents d'eux, et qui chassent et dispersent l'air en des courants tout autres que ceux qu'ils affectent eux-mêmes. Et, à ce propos, une réflexion se présente à moi. De même que la goutte d'eau qui déjà penche et va tomber, ne tombe toutefois que lorsque plusieurs s'ajoutent à elle et la renforcent d'un poids qui enfin la détache et la précipite ; de même, tant que les mouvements de l'air sont légers et répartis sur plusieurs points, il n'y a pas encore de vent ; le vent ne commence qu'à l'instant où toutes ces tendances partielles se confondent en un seul essor. Le souffle et le vent ne diffèrent que du plus au moins. Un souffle considérable s'appelle vent ; le souffle proprement dit est un léger écoulement d'air.

XIV.

Reprenons ce que j'ai dit en premier lieu. Il y a des vents qui sortent des cavernes et des retraites intérieures du globe. Le globe n'est point solide et plein jusqu'en ses profondeurs ; il est creux en maintes parties,

… Et suspendu sur de sombres abîmes [1611] .

Certaines de ces cavités sont vides et sans eau. Bien que nulle clarté n'y laisse voir les modifications de l'air, je crois pouvoir dire que dans ces ténèbres séjournent des nuages et des brouillards. Car ceux qui sont au-dessus de la terre n'existent pas parce qu'on les voit ; on les voit parce qu'ils existent. Les nuages souterrains n'en existent donc pas moins, pour être invisibles. Tu dois savoir que sous terre il est des fleuves semblables aux nôtres » : les uns coulent paisiblement ; les autres roulent et se précipitent avec fracas sur des rochers. Tu m'accorderas aussi, n'est-ce pas, l'existence de lacs souterrains, d'eaux stagnantes et privées d'issue ? S'il en est ainsi, nécessairement l'air, dans ces cavités, se charge d'exhalaisons qui, pesant sur les couches inférieures, donnent naissance au vent par cette pression même. Il faut donc reconnaître que des vents couvent dans l'obscurité de ces nuages souterrains, et qu'après avoir amassé assez de force ils emportent l'obstacle qu'oppose le terrain, ou s'emparent de quelque passage ouvert à leur fuite, pour s'élancer par ces voies caverneuses jusqu'au séjour de l'homme. Il est en outre manifeste que la terre enferme dans son sein d'énormes quantités de soufre et d'autres substances non moins inflammables. Le vent qui s'y engouffre pour trouver une issue doit, par le seul frottement, allumer la flamme. Bientôt l'incendie gagne au loin ; l'air stagnant lui-même se dilate, s'agite et cherche à se faire jour, avec un frémissement terrible et des efforts impétueux. Mais je traiterai ceci avec plus de détail quand il s'agira des tremblements de terre.

XV.

Permets-moi ici de te raconter une anecdote. Au rapport d'Asclépiodote, Philippe fit descendre un jour nombre d'ouvriers dans une ancienne mine, depuis longtemps abandonnée, pour en explorer les richesses, la situation, et voir si l'avidité des aïeux avait laissé quelque chose à leur postérité [1612] . Les ouvriers descendirent avec une provision de flambeaux pour plusieurs jours. Après une longue et fatigante route, ils découvrirent des fleuves immenses, de vastes réservoirs d'eaux dormantes, pareils à nos lacs, et au-dessus desquels la terre, loin de s'affaisser, se dégageait, se prolongeait envoûte, spectacle qui les fit frissonner. J'ai lu ce récit avec un bien vif intérêt. J'ai vu par là que les vices de notre siècle ne sont pas d'hier, mais remontent, par une déplorable tradition, aux temps les plus reculés, et que ce n'est pas de nos jours seulement que l'avidité, fouillant les veines de la terre et des rochers, y chercha ce que leurs ténèbres nous cachaient mal. Nos ancêtres aussi, héros dont nous célébrons les louanges, dont nous gémissons d'avoir dégénéré, ont, dans un cupide espoir, coupé des montagnes, ont vu le gain sous leurs pieds et des roches ; croulantes sur leurs têtes. Avant le Macédonien Philippe, il s'est trouvé des rois qui, poursuivant l'or jusque dans les plus profonds abîmes, et renonçant à l'air libre, s'enfonçaient dans ces gouffres où n'arrive plus rien qui distingue le jour de la nuit, et laissaient, loin derrière eux la lumière. Quel était donc ce grand espoir ? Quelle impérieuse nécessité a courbé, a enfoui l'homme, fait, pour regarder les cieux ? Qui l'a pu plonger au sein même et dans les entrailles du globe pour en exhumer l'or non moins dangereux à poursuivre qu'à posséder ? C'est pour de l'or qu'il a creusé ces longues galeries, qu'il a rampé dans les boues autour d'une proie incertaine, qu'il a oublié le soleil, oublié cette belle nature dont il s'exilait ! Sur quel cadavre la terre pèse-t-elle autant que sur ces malheureux jetés par l'impitoyable avarice sous ces masses gigantesques, déshérités du ciel, ensevelis dans les profondeurs qui recèlent ce poison fatal ? Ils ont osé descendre au milieu d'un ordre de choses si nouveau pour eux, sous ces terres suspendues ; des vents qui souillaient au loin dans le vide, d'effrayantes sources dont les eaux ne coulaient pour personne, une épaisse et éternelle nuit ; ils ont, tout bravé, et ils craignent encore les enfers [1613] !

XVI.

Mais je reviens à la question qui m'occupe. Quatre vents se partagent les quatre points du ciel, le levant, le couchant, le midi et le septentrion. Tous les autres, qu'on appelle de tant de noms divers, se rattachent à ces vents principaux.

Sur le tiède rivage où va mourir le jour

Souffle le doux Zéphyre ; et Borée à son tour

Fait frissonner le Nord, envahit la Scythie ;

Eurus a l'Orient, la Perse, l'Arabie ;

Et l'orageux Midi doit la pluie à l'Auster [1614] .

Ou, pour les énumérer en moins de mots, fais ce qui n'est nullement faisable, réunis-les en une seule tempête :

L'Eurus et le Notus, l'Africus orageux,

Tous s'élancent »... [1615] ,

et le quatrième, quoiqu'il ne fût pas de la mêlée, l'Aquilon. D'autres comptent douze vents : ils subdivisent en trois chacune des quatre parties du ciel, et adjoignent à chaque vent deux subalternes. C'est la théorie du judicieux Varron ; et cet ordre est rationnel. Car le soleil ne se lève ni ne se couche pas toujours aux mêmes points. A l'équinoxe, qui a lieu deux fois l'un, son lever, son coucher ne sont pas les mêmes qu'au solstice d'hiver ou au solstice d'été. Le vent qui souffle de l'orient équinoxial s'appelle en notre langue *Subsolanus* , et en grec *Aphéliotès* . De l'orient d'hiver souffle l'Eurus, qui, chez nous, est Vulturne. Tite Live lui donne ce nom dans le récit de cette bataille funeste aux Romains, où Annibal sut mettre notre armée en face tout à la fois du soleil levant et du Vulturne, et nous vainquit, ayant pour auxiliaires le vent et ces rayons dont l'éclat éblouissait les yeux de ses ennemis. Varron aussi se sert du mot Vulturne. Mais *Eurus* a déjà droit de cité, et ne se produit plus dans notre idiome à titre d'étranger. De l'orient solsticial nous arrive le *Caecias* des Grecs, qui, chez nous, n'a point de nom. L'occident équinoxial nous envoie le Favonius, que ceux même qui ne savent pas le grec vous diront s'appeler Zéphyre. L'occident solsticial enfante le Corus, nommé par quelques-uns Argestès, ce qui ne me semble pas juste ; car le Corus est un vent violent, qui ne porte ses ravages que dans une seule direction ; tandis que l'Argestès est ordinairement doux, et se fait sentir à ceux qui vont comme à ceux qui reviennent. De l'occident d'hiver se rue l'Africus, le vent furibond que les Grecs ont nommé *Lips* . Dans le flanc septentrional du monde, du tiers le plus élevé souffle l'Aquilon ; du tiers qu'occupe le milieu, le Septentrion ;

et du tiers le plus bas, le Thrascias, pour lequel nous n'avons pas de nom. Au midi se forment l'Euro-Notus, le Notus, en latin Auster, et le Libo-Notus, innommé chez nous.

XVII.

J'adopte cette division en douze vents ; non qu'il y en ait partout autant, car l'inclinaison du terrain en exclut souvent quelques-uns, mais parce qu'il n'y en a nulle part davantage. Ainsi, quand nous disons qu'il y a six cas, ce n'est pas que chaque nom en ait six, c'est qu'aucun n'en reçoit plus de six. Ceux qui ont reconnu douze vents se sont fondés sur la division analogue du ciel. En effet, le ciel est partagé en cinq zones, dont le centre passe par l'axe du monde. Il y a la zone septentrionale, la solsticiale, l'équinoxiale, la brumale, et la zone opposée à la septentrionale. On en ajoute une sixième qui sépare la région supérieure du ciel de la région inférieure. Car, comme tu sais, toujours une moitié du monde céleste est sur notre tête, et l'autre sous nos pieds. Or, cette ligne qui passe entre la portion visible et la portion invisible, les Grecs l'ont appelée *horizon* ; les Romains *finitor* ou *finiens*. Il faut joindre à ce cercle le méridien, qui coupe l'horizon à angles droits. De ces cercles, quelques-uns courent transversalement et coupent les autres par leur rencontre. Par une suite nécessaire, les divisions du ciel égalent en nombre ces coupures. Donc l'horizon, ou cercle finiteur, en coupant les cinq cercles dont je viens de parler, forme dix portions : cinq à l'ouest, et cinq à l'est. Le méridien, qui coupe aussi l'horizon, donne deux régions de plus. Ainsi l'atmosphère admet douze divisions, et fournit même nombre de vents. Quelques-uns sont particuliers à certaines contrées, et ne vont pas plus loin, ou ne se portent que dans le voisinage. Ceux-là ne s'élancent point des parties latérales du monde. L'Atabulus tourmente l'Apulie, l'Iapyx la Calabre, le Sciron Athènes, le Catégis la Pamphylie, le Circius la Gaule. Bien que ce dernier renverse même des édifices, les habitants lui rendent grâces ; ils croient lui devoir la salubrité de leur ciel. Ce qu'il y a de sûr, c'est qu'Auguste, pendant son séjour en Gaule, lui voua un temple qu'il bâtit en effet. Je ne finirais pas si je voulais nommer tous les vents ;

car il n'est presque aucun pays qui n'en voie quelqu'un naître dans son territoire et mourir dans ses environs.

XVIII.

Parmi tant d'autres créations de la Providence, celle-ci donc mérite bien l'admiration de l'observateur ; car ce n'est pas dans un but unique qu'elle a imaginé et disposé les vents sur tous les points du globe. Ce fut d'abord pour empêcher l'air de croupir ; puis ils durent l'agiter sans cesse, pour le rendre utile et propre à entretenir la vie de tout ce qui respire. Ce fut aussi pour envoyer à la terre les eaux du ciel, et prévenir en même temps leur trop grande abondance. Tantôt, en effet, ils entassent les nuages, tantôt ils les disséminent, afin de répartir les pluies sur tous les climats. L'Auster les pousse sur l'Italie : l'Aquilon les refoule en Afrique ; les vents Étésiens ne les laissent pas séjourner sur nos têtes. Ces mêmes vents, à la même époque, versent sur l'Inde et l'Éthiopie des torrents continuels. Ajouterai-je que les récoltes seraient perdues pour l'homme, si le souffle de l'air ne détachait la paille superflue du grain à conserver, s'il n'aidait au développement de l'épi et, entrouvrant l'enveloppe où le froment se cache, ne rompait cette follicule, comme l'appellent les agriculteurs ? N'est-ce pas à l'aide des vents que tous les peuples communiquent entre eux, et que se mêlent des races qu'avaient séparées les distances ? Immense bienfait de la nature, si l'homme, dans sa démence, ne s'en faisait un instrument de ruine ! Hélas ! ce qu'on a généralement dit du premier César, ce que Tite-Live a consigné, qu'on ne sait lequel aurait mieux valu pour la république qu'il eût ou n'eût pas existé, on peut aussi l'appliquer aux vents, tant leur utilité, leur nécessité même sont plus que compensées par tout ce que la folie humaine y trouve de moyens homicides. Mais le bien ne change pas de nature, par la faute de qui en abuse pour nuire. Certes, lorsque la Providence, lorsque Dieu, ce grand ordonnateur du monde, a livré l'atmosphère aux vents qui l'agitent et soufflent de tous les points, afin que rien ne dépérisse faute de mouvement ; ce n'était pas pour que des flottes, remplies d'armes et de soldats, bordassent presque tous nos rivages et allassent sur l'Océan ou par-delà nous chercher un ennemi. Quelle frénésie nous transporte et nous plie à cette tactique d'extermination mutuelle ? Nous volons à toutes voiles au-devant des batailles, cherchant le péril pour le péril même [1616] . Nous affrontons l'incertaine fortune, la fureur de tempêtes insurmontables à tout effort humain, une mort sans espoir de sépulture. La paix même vaudrait-elle qu'on la poursuivît par de telles voies ? Nous, cependant, échappés à tant d'invisibles écueils, aux pièges des bas-fonds, à ces orageux promontoires contre lesquels les vents poussent les navigateurs, à ces ténèbres qui voilent le jour, à ces nuits dont la tempête et la foudre augmentent l'horreur, à ces tourbillons qui brisent en éclats les navires, quel fruit retirerons-nous de tant de peines et d'effrois ? Harassés de tant de maux, quel port va nous accueillir ? la guerre, un rivage hérissé d'ennemis, des nations à massacrer et qui entraîneront en grande partie le vainqueur dans leur ruine, d'antiques cités à détruire par la flamme. Pourquoi ces peuples levés en masse, ces années qu'on enrôle, qu'on va mettre en ligne au milieu des flots ? Pourquoi fatiguons-nous les mers ? La terre, sans doute, n'est point assez spacieuse pour s'y égorger. La Fortune nous traite avec trop de tendresse ; elle nous donne des corps trop robustes, une santé trop florissante ! Le destin ne nous décime pas assez brusquement ; chacun peut fixer à l'aise la mesure de ses années, et descendre par une pente douce à la vieillesse ! Donc allons sur la mer, provoquons ce destin trop lent à nous atteindre. Malheureux ! que cherchez-vous ? La mort ? elle est partout, elle surabonde. Elle vous arrachera même de votre lit ; que du moins elle vous en arrache innocents ; elle vous saisira jusqu'en vos foyers : ah ! qu'elle ne vous saisisse point méditant le crime. Comment appeler autrement que frénésie ce besoin de promener la destruction, de se ruer en furieux sur des inconnus, de s'irriter sans offense, de tout dévaster sur son passage, et, comme la bête féroce, d'égorger sans haïr ? Celle-ci, du moins, ne mord jamais que pour se venger ou assouvir sa faim ; nous, prodigues du sang d'autrui et du nôtre, nous labourons les mers, nous les couvrons de flottes, nous livrons notre vie aux orages, nous implorons des vents favorables ; les plus prospères sont ceux qui nous mènent aux batailles. Race criminelle, jusqu'où nos crimes nous ont-ils emportés ? Le continent était trop peu pour nos fureurs. Ainsi cet extravagant roi de Perse envahit la Grèce, que son armée inonde, mais qu'elle ne peut vaincre. Ainsi Alexandre, qui a franchi la Bactriane et les Indes, veut connaître ce qui existe par-delà la grande mer, et s'indigne que le monde ait pour lui des limites. Ainsi la cupidité fait de Crassus la victime des Parthes : rien ne l'émeut ; ni les imprécations du tribun qui le rappelle, ni les tempêtes d'une si longue traversée, ni les foudres prophétiques qui grondent vers l'Euphrate, ni les dieux qui le repoussent. A travers le courroux des hommes et des dieux, il faut marcher au pays de l'or. On n'aurait donc pas tort de dire que la nature eût mieux fait pour nous d'enchaîner le souffle des vents, de couper court à tant de courses insensées, et d'obliger chacun à demeurer en son pays. N'y gagnât-on rien de plus, on ne porterait malheur qu'à soi et aux siens. Mais non : on n'a pas assez des malheurs domestiques ; on veut aussi pâtir à l'étranger. Point de terre si lointaine qui ne puisse envoyer quelque partie fléau qu'elle renferme. Que sais-je si aujourd'hui le chef de quelque grand peuple inconnu, gonflé des faveurs de la Fortune, n'aspire pas à porter ses armes au-delà de ses frontières et n'équipe pas des flottes dans un but mystérieux ? Que sais-je si tel ou tel vent ne va pas m'apporter la guerre ? Quel grand pas vers la paix du monde, si les mers nous eussent été closes ! Cependant, je le dis encore, nous ne pouvons nous plaindre du divin auteur de notre être, quand nous dénaturons ses bienfaits par un usage contraire à ses desseins. Il a donné les vents pour maintenir la température du ciel et de la terre, pour attirer ou repousser les pluies, pour ; nourrir les moissons et les fruits des arbres ; l'agitation même qu'ils produisent hâte, entre autres causes, la maturité ; ils font monter la sève, le mouvement l'empêche de croupir. Il a donné les vents pour qu'on puisse connaître ce qui est au-delà des mers ; car quel être ignorant que l'homme, et qu'il aurait peu d'expérience des choses, s'il était renfermé dans les limites du sol natal ! Il a donné les vents pour que les avantages de chaque contrée du globe deviennent communs à toutes, non pour transporter des légions, de la cavalerie, les armes les plus meurtrières de chaque peuple [1617] . A estimer les dons de la nature par l'usage pervers qu'on en fait, nous n'avons rien reçu que pour notre mal. A qui profite le don de la vue, la parole

? Pour qui la vie n'est-elle pas un tourment ? Trouve-moi une chose tellement utile sous tous les aspects, qu'elle ne soit pas transformée par le crime en arme nuisible. Les vents aussi, la nature les avait créés pour servir au bien ; nous en avons fait tout le contraire. Tous nous mènent vers quelque fléau. Les motifs de mettre à la voile ne sont pas les mêmes pour chacun de nous : nul n'en a de légitimes ; divers stimulants nous excitent à tenter les hasards de la route ; mais toujours est-ce pour obéir à quelque vice. Platon dit ce mot remarquable, et nous finirons par son témoignage : « Ce sont des riens que l'homme achète au prix de sa vie. » Oh ! oui, mon cher Lucilius, si tu es bon juge de la folie des hommes, c'est-à-dire de la nôtre (car le même tourbillon nous emporte), tu riras surtout à l'idée qu'on amasse, dans le but de vivre, ce qu'on n'acquiert qu'en usant sa vie !

Livre VI – Des tremblements de terre. Pompéi. – Système de Thalès. – Sources du Nil. Aristote, Théophraste, Callisthène tué par ordre d'Alexandre. – La philosophie nous aguerrit contre tous les fléaux.

I.

Pompéi, ville fort visitée en Campanie, qu'avoisinent d'un côté le cap de Sorrente et Stables, et de l'autre le rivage d'Herculanum, entre lesquels la mer s'est creusé un golfe riant, fut abîmée, nous le savons, par un tremblement de terre dont souffrirent tous les alentours ; et cela, Lucilius, en hiver, saison privilégiée contre ces sortes de périls, au dire habituel de nos pères. Cette catastrophe eut lieu le jour des nones de février, sous le consulat de Régulus et de Virginius. La Campanie, qui n'avait jamais été sans alarme, bien qu'elle fût restée sans atteinte et n'eût payé de tribut au fléau que la peur, se vit cette fois cruellement dévastée. Outre Pompéi, Herculanum fut en partie détruite, et ce qui en reste n'est pas bien assuré. La colonie de Nucérie, plus respectée, n'est pas sans avoir à se plaindre. A Naples, beaucoup de maisons particulières ont péri, mais point d'édifices publics ; l'épouvantable désastre n'a fait qu'effleurer cette cité. Des villas qui la dominaient, quelques-unes ont tremblé, et n'ont point souffert. On ajoute qu'un troupeau de six cents moutons fut asphyxié, que des statues se fendirent, et qu'après l'événement on vit errer des hommes devenus fous et délirants. Étudions les causes de ces phénomènes : le plan de mon ouvrage, l'à-propos même d'un fait contemporain le demande. Cherchons à rassurer les esprits effrayés, et guérissons l'homme d'une immense terreur. Car où verrons-nous quelque sécurité, quand la terre même s'ébranle et que ses parties les plus solides s'affaissent, quand la seule base inébranlable et fixe qui soutient et affermit tout le reste, s'agite comme une mer ; quand le sol perd l'avantage qui lui est propre, l'immobilité ? Où nos craintes pourront-elles cesser ? Où nos personnes trouveront-elles un refuge ? Où fuiront nos pas chancelants, si la peur naît du sol même, si ses entrailles nous l'envoient ? Tout prend l'alarme au premier craquement d'une maison, au moindre signe qu'elle va crouler ; chacun se précipite et fuit et laisse là ses pénates pour se fier à la voie publique. Mais quel asile s'offre à nos jeux, quelle ressource, si c'est le monde qui menace ruine ; si ce qui nous protège et nous porte, ce sur quoi les villes sont assises, si les fondements du globe, comme ont dit quelques-uns, s'entrouvrent et chancellent ? Que trouver, je ne dis pas qui vous secoure, mais qui vous console, quand la peur n'a plus même où fuir ? Quel rempart assez ferme, en un mot, pour nous défendre et se défendre lui-même ? A la guerre, un mur me protège ; des forteresses hautes et escarpées arrêteront, par la difficulté de l'accès, les plus nombreuses armées. Contre la tempête, j'ai l'abri du port ; que les nuées crèvent sur nos têtes et vomissent sans fin des torrents de pluie, mon toit les repoussera ; l'incendie ne me poursuit pas dans ma fuite ; et quand le ciel tonne et menace, des souterrains, des cavernes profondes me mettent à couvert. Le feu du ciel ne traverse point la terre ; le plus mince obstacle le fait rebrousser. En temps de peste, on peut changer de séjour. Point de fléau qu'on ne puisse éviter. Jamais la foudre n'a dévoré des nations entières ; une atmosphère empoisonnée dépeuple une ville, mais ne la fait pas disparaître. Le fléau dont je parle s'étend bien plus loin ; rien ne lui échappe, il est insatiable, il compte par masses ses victimes. Ce ne sont point quelques maisons, quelques familles ou une ville seulement qu'il absorbe ; c'est toute une race d'hommes, toute une contrée qu'il détruit, qu'il étouffe sous les ruines ou ensevelit dans des abîmes sans fond. Il ne laisse pas trace qui révèle que ce qui n'est plus a du moins été ; et sur les villes les plus fameuses, sans nul vestige de ce qu'elles furent, s'étend un nouveau sol. Bien des gens craignent plus que tout autre ce genre de trépas qui engloutit l'homme avec sa demeure et qui l'efface vivant encore du nombre des vivants, comme si tout mode de destruction n'aboutissait pas au même terme. Et c'est où se manifeste surtout la justice de la nature : au jour fatal, notre sort à tous est pareil. Qu'importe donc que ce soit une pierre qui m'écrase, ou le poids de toute une montagne ; qu'une maison fonde et s'écroule sur moi, qu'enterré sous ce mince débris, sa seule poussière me suffoque, ou que le globe entier s'affaisse sur ma tête ; que mon dernier soupir s'exhale au clair soleil et à l'air libre, ou dans l'immense gouffre du sol entr'ouvert ; que je descende seul dans ces profondeurs, ou qu'un nombreux cortège de peuples y tombe avec moi ! Qu'il se fasse autour de ma mort plus ou moins de fracas, qu'y gagnerai-je ? C'est toujours et partout la mort. Armons-nous donc de courage contre une catastrophe qui ne peut s'éviter ni se prévoir. N'écoutons plus ces émigrés de la Campanie, qui, après son désastre, lui ont dit adieu, et jurent de n'y jamais remettre le pied. Qui leur garantit que tel ou tel autre sol porte sur des bases plus solides ? Soumis tous aux mêmes chances, les lieux encore inébranlés ne sont pas inébranlables. Celui, peut-être, que tu foules en toute sécurité, va s'entrouvrir cette nuit, ou même avant la fin du jour. D'où sais-tu si tu ne serais pas dans des conditions plus favorables sur une terre où le destin a déjà épuisé ses rigueurs, et qui attend l'avenir, appuyée sur ses ruines mêmes [1619] ? Car ce serait erreur de croire une région quelconque exempte et à couvert de ce péril. Toutes subissent pareille loi. La nature n'a rien enfanté d'immuable. Tel lieu croulera aujourd'hui, tel autre plus tard. Et comme parmi les édifices d'une grande ville on étaye d'abord celui-ci, puis celui-là ; ainsi successivement chaque portion du globe se détraque. Tyr a été tristement célèbre par ses écroulements. L'Asie perdit à la fois douze de ses villes. Ce fléau mystérieux, assaillit, l'un dernier, l'Achaïe et la Macédoine, tout à l'heure la Campanie. La destruction fait sa ronde, et ce qu'elle oublie quelque temps, elle sait le retrouver. Ici ses attaques sont rares, là elles sont fréquentes ; mais elle n'excepte, elle n'épargne rien, non seulement les hommes, éphémères et frêles créatures, mais les villes, les rivages, le voisinage des mers et les mers elles-mêmes sont à sa merci. Et l'on se promet de la Fortune des biens de longue durée ; et la prospérité, de toutes les choses humaines la plus prompte à s'envoler, quelque homme la rêve pour soi constante et immuable ! On se la promet complète et sans fin, et l'on ne songe pas que cette terre même où nous marchons n'est pas solide. Car le sol de la Campanie, de Tyr, de l'Achaïe, n'est pas le seul qui ait ce défaut de cohésion et que mainte cause puisse désunir ; toute la terre est de même : l'ensemble demeure, les parties croulent successivement.

II.

Mais que fais-je ? J'avais promis de rassurer contre le péril, et je signale partout des sujets d'alarme. J'annonce que rien n'est éternellement calme : tout peut périr et donner la mort. Eh bien ! cela même est un motif de nous rassurer, motif le plus puissant de tous ; car enfin, où le mal est sans remède, la crainte est une folie. La raison guérit les sages de la peur ; les autres doivent au désespoir leur profonde insouciance. C'est pour le genre humain, crois-moi, que s'est dit le mot adressé à ces hommes qui, pris tout à coup entre l'incendie et l'ennemi, restaient frappés de stupeur :

Le salut des vaincus est de n'en plus attendre [1620] .

Voulez-vous ne plus craindre rien, songez que vous avez tout à craindre [1621] . Jetez les yeux autour de vous : qu'il faut peu de chose pour vous briser ! Ni le manger, ni le boire, ni la veille, ni le sommeil ne sont salutaires que dans une certaine mesure. Ne sentez-vous pas que nos corps, jouets de l'extérieur, ne sont que faiblesse et fragilité ; que le moindre effort les détruit ? N'y a-t-il en vérité chance suffisante de mort, que *si* la terre tremble et tout à coup s'effondre, entraînant ce qui couvre sa surface ? C'est prendre une haute idée de son être, que de craindre plus que tout le reste la foudre, les secousses du globe et ses déchirements : aie donc conscience de ta faiblesse, ô homme ! crains plutôt la pituite. Sommes-nous donc si heureusement nés, doués de membres si robustes et d'une si gigantesque taille, que nous ne puissions périr si le monde ne s'ébranle, si le ciel ne lance son tonnerre, si la terre ne fond sous nos pieds ? Un mal au plus petit de nos ongles, pas même à l'ongle tout entier, rien qu'une déchirure partielle nous tue ; et je craindrais les tremblements du sol, moi qu'un flegme peut étouffer ! J'aurais grand peur que la mer ne sortit de son lit ; que le flux, plus impétueux que de coutume, ne poussât une plus grande masse d'eau sur la côte, quand on a vu des hommes suffoqués par un breuvage avalé de travers ! Insensé, que la mer épouvante, tu sais qu'une goutte d'eau peut te faire périr [1622] ! La grande consolation de la mort est dans la nécessité même de mourir, et rien n'affermit contre toutes les menaces du dehors comme l'idée des dangers sans nombre qui couvent dans notre propre sein. Qu'y a-t-il de moins sage que de défaillir au bruit du tonnerre ; que d'aller rampant sous la terre pour se dérober à ses coups ; que d'appréhender les oscillations ou la chute soudaine des montagnes, les irruptions de la mer jetée hors de ses limites, quand la mort est partout présente et arrive de toutes parts, quand tel atome, des plus imperceptibles, porte en sol de quoi perdre le genre humain ? Loin que ces malheurs doivent nous consterner, comme plus terribles en eux-mêmes qu'une fin ordinaire, tout au contraire, puisqu'il faut sortir de la vie, et que notre âme un jour nous quittera, soyons fiers de périr dans ces crises solennelles [1623] . Il faut mourir dans tel ou tel lieu, plus tôt ou plus tard. Cette terre dût-elle demeurer ferme, ne rien perdre de ses limites, n'être bouleversée par aucun fléau, elle n'en sera pas moins un jour sur ma tête. Qu'importe donc qu'on la jette sur moi, ou qu'elle s'y jette d'elle-même ? Déchirés par je ne sais quelle puissance irrésistible et fatale, ses flancs se crèvent et m'entraînent dans d'immenses profondeurs ; eh bien quoi ? La mort est-elle plus légère à sa surface ? Qu'ai-je à me plaindre, si la nature ne veut pas que je repose dans un lieu sans renom, si elle me fait une tombe d'un de ses débris ? C'est une noble pensée que celle de Vagellius dans un poème bien connu :

S'il faut tomber,

dit-il,

je veux tomber des cieux [1624] .

De même nous pouvons dire : S'il faut tomber, que ce soit par une secousse du globe ; non que des désastres publics ne soient pas chose impie à souhaiter, mais parce qu'un grand motif de se résigner à la mort, c'est de voir que la terre elle-même est périssable.

III.

Il est bon aussi de songer avant tout que les dieux n'opèrent aucune de ces révolutions ; que ce n'est point leur courroux qui ébranle le ciel ou la terre. Ces phénomènes ont leurs causes propres et ne sévissent pas à commandement ; ils naissent, comme dans le corps humain, de quelques vices désorganisateurs, et, lorsqu'elle paraît faire souffrir, c'est la matière qui souffre. Mais, dans l'ignorance où nous sommes de la vérité, tout nous épouvante ; et la rareté de la chose augmente nos terreurs. Des accidents habituels frappent moins ; l'insolite effraye plus que tout le reste. Or, qui rend un fait insolite pour l'homme ? C'est qu'il voit la nature par d'autres yeux que ceux de la raison ; c'est qu'il songe, non à ce que peut cette nature, mais à ce qu'elle vient de faire. Ainsi nous sommes punis de notre irréflexion par la peur que nous donnent des faits tout nouveaux, ce nous semble, et qui sont seulement inaccoutumés. Et, en effet, n'est-il pas vrai qu'une religieuse terreur saisit tes esprits, les nations entières, quand le soleil, ou même la lune, dont les éclipses sont plus fréquentes, nous dérobent tout ou partie de leur disque ? C'est pis encore lorsque des flammes traversent obliquement le ciel ; lorsqu'on voit une partie de l'atmosphère en feu, ou des astres chevelus, ou plusieurs soleils à la fois, ou des étoiles en plein jour, ou des feux soudaine qui volent dans l'espace avec une longue traînée de lumière. On tremble alors et l'on s'étonne ; et quoique cette crainte vienne d'ignorance, on dédaigne de s'instruire pour ne plus craindre. Combien il vaudrait mieux s'enquérir des causes, et porter sur ce point toutes les forces de son attention. Il n'est rien à quoi l'esprit puisse, je ne dis pas se prêter, mais se dévouer plus dignement.

IV.

Cherchons donc quelle cause agite la terre [1625] jusqu'en ses fondements et met en branle une si pesante masse ; quelle est cette force, plus puissante que le globe, qui en fait crouler les immenses supports ; pourquoi la terre tantôt tremble, tantôt, n'ayant plus de lien, s'affaisse, tantôt se disjoint et se morcelle ; pourquoi, après un éboulement, elle reste longtemps entr'ouverte, ou se rapproche tout de suite ; pourquoi elle engloutit des fleuves renommés pour leur grandeur, ou en fait jaillir de nouveaux ; pourquoi elle ouvre de nouvelles sources d'eaux chaudes, ou en refroidit d'anciennes ; pourquoi des feux sont vomis des montagnes ou des rochers par des cratères jusque-là inconnus ; tandis que des volcans fameux pendant des siècles viennent à s'éteindre. Elle opère des prodiges sans nombre, change la face des lieux, déplace des montagnes, exhausse des plaines, des vallées, forme des collines, fait surgir du fond des mers de nouvelles îles. Les causes de ces révolutions méritent bien d'être approfondies. « Mais quel sera le prix de ma peine ? » Le plus grand de tous, la connaissance de la nature. Ce que ces sortes de recherches ont de plus beau, outré qu'à mille égards elles serviront l'avenir, c'est que la magnificence même du sujet captive l'homme, c'est qu'il porte non l'esprit de lucre, mais un culte d'admiration. Commençons donc l'étude de ces mystères auxquels il m'est si doux d'être initié, que, bien qu'ayant déjà publié dans ma jeunesse un livre sur les *tremblements de terre* , j'ai voulu m'essayer encore une fois, et voir si l'âge m'a fait gagner en science ou du moins en sagacité [1626] .

V.

La cause qui fait trembler la terre est due, selon les uns à l'eau ; selon d'autres, au feu ; à la terre elle-même, disent ceux-ci ; à l'air, disent ceux-là ; quelques-uns admettent le concours de plusieurs de ces causes ; certains les admettent toutes. Enfin, on a dit qu'évidemment c'était l'une d'elles : mais laquelle ? On n'en était pas sûr. Passons en revue chacun de ces systèmes ; peux des anciens, je dois le dire avant tout, sont peu réfléchis, sont informes. Ils erraient encore autour de la vérité. Tout était nouveau pour eux qui n'allaient d'abord qu'à tâtons ; on a poli leurs grossières idées, et si l'on a fait quelques découvertes, c'est à eux néanmoins que l'honneur en doit revenir. Il a fallu des esprits élevés pour écarter le voile qui couvre la nature, et, sans s'arrêter à ce qu'elle montre aux yeux, sonder jusqu'en ses entrailles et descendre dans les secrets des dieux. Ils ont beaucoup aidé aux découvertes en les croyant possibles. Écoutons donc les anciens avec indulgence ; rien n'est complet dès son début. Et cela est vrai non seulement de la question qui nous occupe, si importante et si obscure, que, même après de nombreux travaux, chaque siècle trouvera encore à faire : mais, en quoi que ce soit, toujours les commencements sont loin de la perfection.

VI.

Que l'eau soit cause des tremblements de terre, c'est ce qu'affirment divers auteurs et avec divers arguments. Thalès de Milet estime que le globe entier a pour support une masse d'eaux sur laquelle il flotte, et qu'on peut appeler Océan ou grande mer, ou élément jusqu'ici dénature simple, l'élément humide. Cette eau, dit-il, soutient la terre ; et l'immense navire pèse sur le liquide qu'il comprime. Il est superflu d'exposer les motifs qui font croire à Thalès que la partie de l'univers la plus pesante ne saurait porter sur une substance aussi ténue, aussi fugace que l'air : il ne s'agit pas maintenant de l'assiette du globe, mais de ses secousses. Thalès apporte en preuve de son système, que presque toujours les grandes secousses font jaillir des sources nouvelles, comme il arrive dans les navires qui, lorsqu'ils penchent et s'inclinent sur le flanc, sont envahis par l'eau ; toujours, s'il y a surcharge, l'eau vient couvrir le bâtiment, ou du moins s'élève à droite et à gauche plus que de coutume. La fausseté de cette opinion se démontre sans longs raisonnements. Si la terre était soutenue par l'eau, elle tremblerait quelquefois dans toute sa masse et toujours serait en mouvement ; ce ne serait pas son agitation qui étonnerait, mais son repos. Elle s'ébranlerait tout entière, non partiellement ; car ce n'est jamais la moitié seulement d'un navire qui est battue des flots. Or, les tremblements de notre terre ne sont pas universels, mais partiels. Comment serait-il possible qu'un corps porté tout entier par l'eau ne fût pas agité tout entier, quand ce fluide est agité ? « Mais d'où viennent les eaux qu'on a vues jaillir ? » D'abord, souvent la terre tremble, sans qu'il en sorte de nouvelles eaux. Ensuite, si telle était la cause de ces éruptions, elles n'auraient lieu qu'autour des flancs du globe ; ce que nous voyons arriver sur les fleuves et en mer : l'exhaussement de l'onde, à mesure que s'enfonce le navire, se remarque surtout aux flancs du bâtiment. Enfin l'éruption dont on parle ne serait pas si minime, et comme une voie d'eau qui s'infiltre par une fente légère ; l'inondation serait immense en raison de l'abîme infini sur lequel flotterait le monde.

VII.

D'autres, en attribuant à l'eau les tremblements de terre, les expliquent autrement. La terre, disent-ils, est traversés en tous sens de cours d'eau de plus d'une espèce ; tels sont, entre autres, quelques grands fleuves constamment navigables même sans le secours des pluies. Ici le Nil, qui roule en été d'énormes masses d'eaux ; là, coulant entre le monde romain et ses ennemis, le Danube et le Rhin : l'un qui arrête les incursions du Sarmate et forme la limite de l'Europe et de l'Asie ; l'autre qui contient cette race germanique si avide de guerre. Ajoute l'immensité de certains lacs, des étangs entourés de peuplades qui entre elles ne se connaissent pas, des marais innavigables, et que ne peuvent pas même traverser ceux qui en habitent les bords. Et puis tant de fontaines, tant de sources mystérieuses qui vomissent des fleuves comme à l'improviste. Enfin tous ces torrents impétueux, formés pour un moment, et dont le déploiement est d'autant plus prompt qu'il dure moins. Toutes ces eaux se retrouvent sous terre, de même nature et de même aspect. Là aussi, les unes sont emportées dans un vaste cours et retombent par tourbillons en cataractes ; d'autres, plus languissantes, s'étendent sur des lits moins profonds et suivent une pente douce et paisible. Il faut, sans contredit, que de vastes réservoirs les alimentent, et qu'il y en ait de stagnantes en plus d'un lieu. On croira, sans longs arguments, que les eaux abondent là où sont toutes les eaux du globe. Car comment suffirait-il à produire tant de rivières, sans l'inépuisable réserve d'où il les tire ? S'il en est ainsi, n'est-il pas inévitable que quelquefois l'un de ces fleuves déborde, abandonne ses rives, et frappe d'un choc violent ce qui lui fait obstacle ? Il y aura alors ébranlement dans la partie de la terre que le fleuve aura frappée, et qu'il ne cessera de battre jusqu'à ce qu'il décroisse. Il peut se faire qu'un fort courant d'eau mine quelque canton et en emporte quelque brèche, dont l'éboulement fasse trembler les couches supérieures. Enfin, c'est être trop esclave de ses yeux et ne point porter au-delà sa pensée, que de ne pas admettre qu'il y ait dans les profondeurs de la terre toute une mer immense. Je ne vois point quel obstacle empêcherait que ces cavités n'eussent aussi leurs rivages, leurs secrets canaux qu'alimente une mer aussi spacieuse que les nôtres, plus spacieuse peut-être, la surface du sol devant laisser leur part à tant d'êtres vivants ; au lieu que l'intérieur, dépourvu d'habitants, laisse aux eaux une place plus libre. Pourquoi n'auraient-elles pas leurs fluctuations et ne seraient-elles pas agitées par les vents qu'engendre tout vide souterrain et toute espèce d'air ? Il se peut donc qu'une tempête plus forte que de coutume ébranle et soulève violemment quelque partie du sol. N'a-t-on pas vu souvent, assaillis tout à coup par la mer, des lieux très peu voisins de ses rivages, et des villas, qui la regardaient de loin, submergées par les flots qu'auparavant on y entendait à peine ? La mer souterraine peut de même croître et décroître [1627] , et jamais sans qu'il y ait contrecoup au-dessus d'elle.

VIII.

Je ne crois pas que tu hésites longtemps à admettre des fleuves souterrains et une mer invisible : car d'où s'élancent les eaux qui montent jusqu'à nous, sinon de ces réservoirs intérieurs ? Eh ! quand tu vois le Tigre, interrompu au milieu de sa course, se dessécher et disparaître non tout entier, mais peu à peu, par déperditions insensibles qui enfin le réduisent à rien, où penses-tu qu'il aille, sinon dans les profondeurs de la terre, lorsque d'ailleurs il va en ressortir à tes yeux tout aussi fort qu'auparavant ? Et quand tu vois l'Alphée, tant célébré par les poètes, se perdre en Achaïe, puis traversant la mer, reparaître en Sicile et nous donner la riante fontaine Aréthuse ? Ignores-tu que dans les systèmes qui rendent raison du débordement du Nil en été, il en est un qui le fait venir de la terre même, et qui attribue la crue du fleuve non aux eaux du ciel, mais aux eaux intérieures ? Deux centurions que l'empereur Néron, passionné pour toutes les belles choses et surtout pour la vérité [1628] , avait envoyés à la recherche des sources du Nil, racontaient devant moi qu'ayant parcouru une longue route, aidés des secours du roi d'Éthiopie et recommandés par lui aux rois voisins, ils voulurent pénétrer plus avant et arrivèrent à un immense marais. « Les indigènes, ajoutaient-ils, ne savent pas où il finit, et il faut désespérer de le savoir, tant les herbages y sont entremêlés à l'eau, tant cette eau est peu guéable, et impraticable aux navires. Une petite barque, avec un seul homme, est tout ce que peut porter ce marais fangeux, tout hérissé d'obstacles. Là, me dit l'un des centurions, nous vîmes deux rochers d'où tombait un énorme cours d'eau. » Que ce soit la source ou un affluent du Nil, qu'il naisse en ce lieu ou ne fasse qu'y reparaître après une course souterraine, quoi que ce soit enfin, douteras-tu que cette eau ne vienne d'un grand lac perdu sous le soi ? Il faut que la terre renferme en maint endroit beaucoup d'eaux éparses, qu'elle réunit en un bassin commun, pour qu'elle puisse vomir de si forts courants.

IX.

D'autres, qui attribuent les tremblements de terre au feu, varient sur son mode d'action. Anaxagore est particulièrement de cette opinion : « que la cause des orages est analogue à celle des tremblements de terre ; c'est-à-dire qu'un vent en fermé sous terre vient à en briser l'air épais et condensé en nuages, aussi violemment que sont brisées les nuées du ciel ; et que de cette collision de nuages, de ce choc de l'air écrasé sur lui-même s'allume un feu soudain. Ce feu, heurtant tout ce qui s'offre à lui, cherche une issue, écarte tout obstacle, tant qu'enfin, resserré dans un étroit passage, il trouve une route pour s'échapper à l'air libre, ou s'en fait une par la violence et la destruction. » Ceux qui expliquent autrement le même phénomène disent « que ce feu couve en plus d'un endroit [1629], consumant tout ce qui l'avoisine, et que, si les parties rongées tombent, leur chute entraîne tout ce qui perd en elles son appui, nul support nouveau n'étant là pour arrêter l'écroulement. Alors s'ouvrent des gouffres béants, de vastes abîmes, où, après avoir branlé longtemps, le sol se rassoit sur les parties demeurées fermes. C'est ce que nous voyons dans nos villes, quand l'incendie en dévore quelques édifices ; les poutres une fois brûlées ou les supports de la toiture détruits, le faîte qui a longtemps balancé s'effondre, et l'ébranlement, les oscillations ne cessent que lorsqu'il rencontre un point d'appui. »

X.

Anaximène voit dans la terre elle-même la cause de ces tremblements : selon lui, elle ne reçoit du dehors aucune impulsion ; mais dans son sein tombent les débris détachés d'elle-même, dissous par l'eau, ou rongés par le feu, ou arrachés par un souffle violent ; et à défaut même de ces trois causes, les causes internes de déchirement et de destruction ne manquent pas. D'abord, en effet, tout s'écroule avec le temps, et rien n'échappe à la vieillesse, qui mine les corps les plus solides et les plus robustes. Tout comme, dans les vieux édifices, il est des portions qui tombent, même sans aucun choc, quand la force ne fait plus équilibre au poids ; ainsi, dans cette charpente de tout le globe, il arrive à certaines parties de se dissoudre de vétusté ; dissoutes, elles ébranlent par leur chute ce qui est au-dessus d'elles, d'abord en se détachant, car aucun corps considérable ne se sépare d'un autre sans le mettre en mouvement, ensuite lorsque, précipitées, tout objet résistant les fait rebondir, comme une balle qui ne tombe que pour rejaillir, qui, souvent chassée, est chaque fois renvoyée par le sol d'où elle prend encore son élan. Si ces débris vont choir dans une eau stagnante, les lieux voisins sentent la commotion : d'énormes flots y sont brusquement refoulés sous le choc de masses lancées de si haut.

XI.

Certains philosophes, tout en expliquant les tremblements de terre par le feu, lui assignent un autre rôle. Ce feu, qui bouillonne en plusieurs endroits, exhale nécessairement des torrents de vapeurs qui n'ont pas d'issue et qui dilatent fortement l'air ; avec plus d'énergie, ils font voler en éclats les obstacles ; moins véhéments, ils ne peuvent qu'ébranler le sol. Nous voyons l'eau bouillonner sur le feu. Ce que nos foyers produisent sur ce peu de liquide dans une étroite chaudière, ne doutons pas que le vaste et ardent foyer souterrain ne le produise avec plus de force sur de grands amas d'eaux. Alors la vapeur de ces eaux bouillonnantes secoue vivement tout ce qu'elle frappe.

XII.

Mais l'air est le mobile qu'admettent les plus nombreuses et les plus grandes autorités. Archélaüs, très versé dans l'antiquité, s'exprime ainsi : « Les vents s'engouffrent dans les cavités de la terre ; là, quand tout l'espace est rempli, et l'air aussi condensé qu'il peut l'être, le nouvel air qui survient foule et comprime le premier, et de ses coups redoublés il le resserre, puis le disperse en désordre. Celui-ci, qui cherche à se faire place, écarte tous les obstacles et s'efforce de briser ses barrières ; ainsi arrivent les tremblements de terre, par la lutte de l'air impatient de fuir. Ces commotions ont pour avant-coureur un air calme et que rien n'agite, parce que la force impulsive, qui d'ordinaire déchaîne les vents, est concentrée dans les cavités souterraines. » Naguère, en effet, lors du tremblement de la Campanie, bien qu'on fût en hiver, l'atmosphère quelques jours avant fut constamment tranquille. Qu'est-ce à dire ? La terre n'a-t-elle jamais tremblé un jour de vent ? Il est bien rare que deux vents soufflent à la fois. La chose pourtant est possible et se voit : si nous admettons, et s'il est constant que deux vents opèrent simultanément quand le sol tremble, pourquoi l'un n'agiterait-il pas l'air supérieur, l'autre l'air souterrain ?

XIII.

On peut ranger dans cette opinion Aristote, et son disciple Théophraste, dont le style, sans être divin comme le trouvaient les Grecs, a de la douceur et une élégance qui ne sent point le travail. Voici ce que l'un et l'autre pensent. « Il sort toujours de la terre des vapeurs, tantôt sèches, tantôt mêlées d'humidité. Celles-ci, venues des entrailles du globe, et s'élevant aussi haut qu'elles peuvent, lorsqu'elles ne trouvent plus à monter davantage, rétrogradent et se roulent sur elles-mêmes ; et comme la lutte des deux courants d'air opposés repousse violemment les obstacles, soit que les vents se trouvent renfermés, soit qu'ils fassent effort pour fuir par un étroit passage, il y a alors secousse et fracas. » De la même école est Straton, lequel a cultivé surtout cette branche de la philosophie et exploré la nature. Voici comment il se prononce : « Le froid et le chaud se contrarient toujours et ne peuvent demeurer ensemble ; le froid passe à l'endroit que le calorique abandonne ; et réciproquement la chaleur revient quand le froid est chassé. » Ceci est incontestable : quant à l'antipathie des deux principes, je la prouve ainsi. En hiver, quand le froid règne sur la terre, les puits, les cavernes, tous les lieux souterrains sont chauds, parce que la chaleur s'y est réfugiée, cédant au froid l'empire du dehors ; quand cette chaleur a pénétré, s'est accumulée sous terre autant qu'elle a pu, sa puissance est en raison de sa densité. Une nouvelle chaleur survient qui, forcément associée à celle-ci, pèse sur elle et lui fait quitter la place. En revanche, même chose a lieu si une couche de froid plus puissante pénètre dans les cavernes. Toute la chaleur qu'elles recelaient se retire, se resserre et s'échappe impétueusement ; ces deux natures ennemies ne pouvant ni faire alliance, ni séjourner en même lieu. Ainsi mise en fuite et voulant sortir à toute force, la chaleur écarte et brise tout ce qui l'avoisine ; voilà pourquoi, avant les commotions terrestres, on entend les mugissements de ces courants d'air déchaînés dans les profondeurs du globe. Et l'on n'entendrait pas sous ses pieds, comme dit Virgile :

Le sol au loin mugir et les monts chanceler [1630] ,

si ce n'était l'œuvre des vents. De plus, ces luttes ont leurs alternatives ; ce n'est pas toujours la chaleur qui se concentre et fait explosion. Le froid recule et fait retraite, pour triompher bientôt à son tour ; suivant ces alternatives et ces retours divers de l'air en mouvement, la terre tremble.

XIV.

D'autres estiment que l'air et l'air seul produit ces commotions, mais qu'il les produit autrement que ne le veut Aristote. Écoutons-les parler : « Notre corps est arrosé par le sang et par l'air qui court dans ses canaux particuliers. Quelques-uns de ces conduits sont plus étroits que les autres, et l'air ne fait qu'y circuler ; mais nous avons des réservoirs plus grands où il s'amasse et de là se répand dans les autres parties. De même la terre, ce vaste corps, est pénétrée par les eaux qui lui tiennent lieu de sang, et par les vents, cet air, on peut le dire, qu'elle respire par tous ses pores. Ces deux fluides tantôt courent ensemble, tantôt s'arrêtent en même temps. Or, dans le corps humain, tant que dure l'état de santé, le mouvement des artères a lieu sans trouble et régulièrement ; mais au moindre accident, la fréquence du pouls, les soupirs, les étouffements annoncent la souffrance et la fatigue : ainsi la terre, dans son état naturel, reste immobile. Quelque désordre survient-il, alors, comme un corps malade, elle s'agite ; ce souffle, qui circulait doucement, chassé avec plus d'énergie, fouette les veines où il court, mais non pas comme le disent ceux dont j'ai parlé ci-dessus, et qui croient la terre un être vivant. Car alors cet être frissonnerait également dans toute son étendue, puisque chez l'homme la fièvre ne mord pas sur telle partie plus que sur telle autre [1631] , mais les envahit et les ébranle toutes également. » Tu vois qu'il doit s'infiltrer dans la terre quelque souffle de l'air ambiant, et que, tant qu'il trouve une libre sortie, il circule sans dommage ; mais s'il rencontre un obstacle, si quelque barrière l'arrête, surchargé du poids de l'air qui le presse par derrière, il fuit avec effort par quelque ouverture, avec d'autant plus d'énergie qu'il est plus comprimé. Ceci ne peut avoir lieu sans lutte, ni la lutte sans ébranlement. Mais si l'air ne trouve pas même d'ouverture pour s'échapper, il se roulé avec fureur sur lui-même, et s'agite en tous sens, il renverse, il déchire. Puissant, malgré sa ténuité, il pénètre dans les lieux les plus obstrués ; dans quelque corps qu'il s'introduise, il le disjoint violemment, il le fait éclater. Alors la terre tremble ; car ou elle s'ouvre pour lui donner passage, ou, après lui avoir fait place, dépourvue de base, elle s'éboule dans le gouffre dont elle l'a fait sortir.

XV.

Suivant une autre opinion, la terre est criblée de pores : elle a non seulement ses canaux primitifs, qui-lui furent originairement donnés comme autant de soupiraux, mais beaucoup d'autres que le hasard y a creusés. L'eau a entraîné la terre qui couvrait certains points ; les torrents en ont rongé d'autres ; ailleurs, de grandes chaleurs ont crevassé et ouvert le sol. C'est par ces interstices qu'entre le vent ; s'il se trouve enfermé et poussé plus avant par la mer souterraine, si le flot ne lui permet pas de rétrograder, alors ne pouvant ni s'échapper, ni remonter, il tourbillonne, et comme il ne peut suivre la ligne droite, sa direction naturelle, il fait effort contre les voûtes de la cavité, et frappe en tous sens la terre qui le comprime.

XVI.

Énonçons encore un point que la plupart des auteurs soutiennent, et qui, peut-être, ralliera les esprits. Il est évident que la terre n'est point dépourvue d'air ; et je ne parle pas seulement de cet air qui la fait cohérente, qui rapproche ses molécules, et qui se trouve jusque dans les pierres et les cadavres, mais d'un air vital, végétatif, qui alimente tout à sa surface. Autrement, comment pourrait-elle infuser la vie à tant d'arbustes, à tant de graines, qui sans air n'existeraient pas ? Comment suffirait-elle à l'entretien de tant de racines qui plongent de mille manières dans son sein, les unes presque à sa surface, les autres à de grandes profondeurs, si elle n'avait en elle des flots de cet air générateur d'où naissent tant d'êtres variés qui le respirent et qui lui doivent leur nourriture et leur croissance ? Ce ne sont encore là que de légers arguments. Ce ciel tout entier, que circonscrit la région ignée de l'éther, la plus élevée du monde, toutes ces étoiles dont le nombre est incalculable, tout ce chœur céleste, et, sans parler des autres astres, ce soleil qui poursuit son cours si près de nous, qui surpasse plus d'une fois en grosseur toute la sphère terrestre, tous tirent leurs aliments de la terre et se partagent les vapeurs qu'elle exhale, seule pâture qui les entretienne. Ils ne se nourrissent pas d'autre chose. Or, la terre ne pourrait suffire à des corps si nombreux, à des masses bien plus grandes qu'elle-même, si elle n'était remplie du fluide vital qui, nuit et jour, s'échappe de tous ses pores. Il est impossible qu'il ne lui en reste pas beaucoup, quoi qu'on lui demande et qu'on lui enlève, et il faut que ce qui sort d'elle se reproduise incessamment, Car elle n'aurait pas de quoi fournir sans fin à tous ces corps célestes, sans échange réciproque et transmutation d'éléments. Π faut en outre que cet air abonde en elle, qu'elle en soit remplie, qu'elle ait des réservoirs où elle puise. Il n'est donc pas douteux que la terre cache dans son sein des gaz en grand nombre, et que l'air y occupe de sombres et vastes cavités. S'il en est ainsi, de fréquentes commotions devront troubler cette masse pleine de ce qu'il y a de plus mobile au monde. Car, qui peut en douter ? de tous les éléments, l'air est le plus inquiet, le plus inconstant, le plus ami de l'agitation.

XVII.

Il s'ensuit donc qu'il agit selon sa nature, et que, toujours prêt à se mouvoir, il met parfois en mouvement tout le reste. Et quand ? lorsqu'il est arrêté dans son cours. Tant que rien ne l'empêche, il coule paisiblement ; est-il repoussé ou retenu il devient furieux et brise ses barrières ; on peut le comparer

A l'Araxe indigné contre un pont qui l'outrage [1632].

Le fleuve, tant que son lit est libre et ouvert, développe à mesure le volume de ses eaux : mais si la main de l'homme ou le hasard a jeté sur sa voie des rochers qui le resserrent, alors il s'arrête pour mieux s'élancer ; et plus il a d'obstacles devant lui, plus il trouve de ressources pour les vaincre. Toute cette eau, en effet, qui survient par derrière et qui s'amoncèle sur elle-même, cédant enfin sous son propre poids, s'apprête à tout rompre de force et se précipite emportant ses digues dans sa fuite. Il en est de même de l'air. Plus il est puissant et délié, plus il court avec rapidité, et brise violemment toute barrière : de là un ébranlement de la partie du globe sous laquelle il luttait. Ce qui prouve que cela est vrai, c'est que souvent, après une commotion, quand il y a eu déchirement du sol, du vent s'en échappe pendant plusieurs jours, comme la tradition le rapporte du tremblement de terre de Chalcis. Asclépiodote, disciple de Posidonius, en parle dans son livre des *Questions naturelles*.

On trouve aussi dans d'autres auteurs que la terre s'étant ouverte en un endroit, il en sortit assez longtemps un courant d'air qui évidemment s'était frayé le passage par où il débouchait.

XVIII.

La grande cause des tremblements de terre est donc ce fluide, naturellement fougueux, qui court de place en place. Tant qu'il ne reçoit nulle impulsion, enseveli dans un espace libre, il y repose inoffensif et ne tourmente pas ce qui l'environne. Si un moteur accidentel le trouble, le repousse, le tient à l'étroit, il ne fait encore que céder et vaguer au hasard. Mais si tout moyen de fuir lui est enlevé, et si tout lui fait obstacle, alors

Il fait mugir les monts,

Et frémit avec rage en ses noires prisons [1633] ,

qui longtemps ébranlées se brisent et volent en éclats ; il s'acharne d'autant plus que la résistance est plus forte et la lutte plus longue. Enfin, quand il a longtemps parcouru les lieux où il est enfermé et dont il n'a pu s'évader, il rebrousse vers le point même d'où vient la pression, et s'infiltre par des fentes cachées faites par ses secousses mêmes, ou s'élance au dehors par une brèche nouvelle. Ainsi rien ne peut contenir une telle force ; point de barrière qui arrête le vent ; il les rompt toutes, il emporte tous les fardeaux, il se glisse en d'étroites assures, qu'il agrandit pour se mettre à l'aise ; indomptable nature, puissance libre et impétueuse, qui reprend toujours ses droits. Oui, c'est là une chose invincible ; et il n'est prison au monde

Qui retienne, enchaînés sous des lois prévoyantes,

Les indociles vents, les tempêtes bruyantes [1634] .

Sans doute la poésie, par ce mot de prison, a voulu entendre ce lieu souterrain qui les cache et qui les recèle. Mais elle n'a point vu que ce qui est enfermé n'est point encore un vent, et que ce qui est vent ne supporte point de clôture. L'air captif est calme et stagnant ; qui dit vent dit toujours fuite. Ici se présente un nouvel argument, qui prouve que les tremblements de terre sont produits par l'air. C'est que nos corps mêmes ne frissonnent que si quelque désordre en agite l'air intérieur, condensé par la crainte, ou alangui par l'âge, ou engourdi dans les reines, ou glacé par le froid, ou dérangé dans son cours aux approches de la fièvre. Tant qu'il circule sans accident, et suit sa marche ordinaire, le corps ne tremble point ; mais si une cause quelconque vient embarrasser ses fonctions, il ne suffit plus à soutenir ce qu'il maintenait par sa vigueur ; il rompt, en fléchissant, tout son équilibre normal.

XIX.

Écoutons, il le faut bien, ce que Métrodore de Chio énonce comme un arrêt. Car je ne me permets pas d'omettre même les opinions que je n'admets point : il est plus sage de les exposer toutes, et mieux vaut condamner ce qu'on désapprouve que de n'en point parler. Or, que dit-il ? « Que tout comme la voix d'un chanteur enfermé dans un tonneau en parcourt la totalité, en fait vibrer et résonner les parois, et quoique poussée légèrement, ne laisse pas, par sa circonvolution, d'ébranler avec frémissement le vaisseau où elle est captive ; ainsi les spacieuses cavernes qui s'enfoncent sous le sol con tiennent de l'air qui, frappé par l'air supérieur, les ébranle de même que ces vaisseaux dont je viens de parler et dont la voix d'un chanteur fait résonner les vides. »

XX.

Venons à ceux qui admettent toutes les causes ci-dessus énoncées, ou du moins plusieurs d'entre elles. Démocrite en ad met plusieurs. Il dit : « que les tremblements de terre sont dus quelquefois à l'air, quelquefois à l'eau, quelquefois à tous deux ; » et il explique ainsi son idée : « Il y a dans la terre des cavités où affluent de grandes masses d'eaux ; de ces eaux, les unes sont plus légères, plus fluides que les autres ; repoussées par la chute de quelque corps pesant, elles vont heurter la terre et l'agitent. Car cette fluctuation des eaux ne peut avoir lieu sans un mouvement du corps frappé. Ce que nous disions tout à l'heure de l'air doit se dire pareillement de l'eau accumulée en un lieu trop étroit pour la contenir : elle pèse sur quelque point, et s'ouvre une route tant par son poids que par son impétuosité ; longtemps captive, elle ne peut trouver d'issue que par une pente, ni tomber directement sans une certaine force ou sans ébranlement des parties à travers lesquelles et sur lesquelles elle tombe. Mais si, lorsqu'elle commence à fuir, un embarras l'arrête, replie ce courant sur lui-même, elle rebrousse vers la terre qui s'avance à l'encontre, et donne une secousse aux saillies les plus avancées. Parfois aussi la terre pénétrée par l'eau s'affaisse profondément, et sa base même est minée ; alors une pression plus forte s'exerce sur le côté où le poids des eaux se fait le plus sentir. D'autres fois c'est le vent qui pousse les eaux, et qui, déchaîné avec violence, ébranle la partie de la terre contre laquelle il lance les ondes amoncelées. Souvent, engouffré dans les canaux intérieurs du globe, d'où il cherche à fuir, il agite tous les alentours : car la terre est perméable aux vents, fluide trop subtil pour pouvoir être tenu en dehors, et trop puissant pour qu'elle résiste à son action vive et rapide. »

Épicure admet la possibilité de toutes ces causes, et en propose plusieurs autres : il blâme ceux qui se prononcent pour une seule, vu qu'il est téméraire de donner comme certain ce qui ne peut être qu'une conjecture. « L'eau, dit-il, peut ébranler la terre, en la détrempant et en rongeant certaines parties qui deviennent trop faibles pour servir de bases comme auparavant. Le tremblement peut être produit par l'action de l'air intérieur, dans lequel l'introduction de l'air extérieur porterait le trouble. Peut-être l'écroulement subit de quelque masse venant à refouler l'air cause-t-il la commotion. Peut-être le globe est-il en quelques endroits soutenu comme par des colonnes et des piliers qui, entamés et fléchissants, font chanceler la masse qu'ils supportent. Peut-être un vent brûlant, converti en flamme et analogue à la foudre, fait-il en courant un immense abatis de ce qui lui résiste. Peut-être des eaux marécageuses et dormantes, soulevées par le vent, ébranlent-elles la terre par leur choc, ou le mouvement même de ces eaux accroît-il l'agitation de l'air qu'il irrite et porte de bas en haut. » Au reste, il n'est aucune de ces causes qui paraisse à Épicure plus efficace que le vent.

XXI.

Nous aussi, nous croyons que l'air seul peut produire de tels efforts ; car rien dans la nature n'est plus puissant, plus énergique ; et sans air les principes les plus actifs perdent toute leur force. C'est lui qui anime le feu ; sans lui les eaux croupissent ; elles ne doivent leur fougue qu'à l'impulsion de ce souffle, qui emporte de grands espaces de terre, élève des montagnes nouvelles, et crée au milieu des mers des îles qu'on n'y avait jamais vues. Théré, Thérasia, et cette île contemporaine que nous avons vue naître dans la mer Égée, peut-on douter que ce ne soit ce même souffle qui les ait produites à la lumière ? Il y a deux espèces de tremblements, selon Posidonius : chacun a son nom particulier. L'un est une secousse qui agite la terre par ondulations ; l'autre, une inclinaison qui la penche latéralement comme un navire. Je crois qu'il en est une troisième, justement et spécialement désignée par nos pères sous le nom de tremblement, et qui diffère des deux autres. Car alors il n'y a ni secousse étendue, ni inclinaison ; il y a vibration. Ce cas est moins nuisible, comme aussi l'inclinaison l'est beaucoup plus que la secousse. Car s'il ne survenait promptement un mouvement opposé, qui redressât la partie inclinée, un vaste écroulement s'ensuivrait. Les trois mouvements diffèrent entre eux, en raison de leurs causes diverses.

XXII.

Parlons d'abord du mouvement de secousse. Qu'une longue file de chariots s'avance pesamment chargée, et que les roues tournant avec effort tombent dans les creux du chemin, vous sentez le sol qui s'ébranle. Asclépiodote rapporte que la chute d'un rocher énorme détaché du flanc d'une montagne fit écrouler par contrecoup des édifices voisins. Il peut se faire de même sous terre qu'une roche détachée tombe bruyamment de tout son poids dans les cavités qu'elle dominait, avec une force proportionnée à sa masse et à son élévation. Et ainsi la voûte de la vallée souterraine tremble tout entière. Vraisemblablement la chute de ces rochers ne vient pas seulement de leur poids ; mais les fleuves qui roulent au-dessus, et dont l'action permanente ronge le lien des pierres, en emportent chaque jour quelque-chose, l'eau écorchant pour ainsi dire cette peau qui la contient. Cette détérioration continuée pendant des siècles et ce perpétuel frottement minent le rocher, qui cesse de pouvoir soutenir son fardeau. Alors s'écroulent des mas ses d'une pesanteur immense ; alors le rocher se précipite, et, rebondissant sur le sol inférieur, ébranle tout ce qu'il frappe.

Le fracas l'accompagne et tout croule avec lui [1635] ,

comme dit Virgile. Telle sera la cause du mouvement de secousse. Passons au second mouvement.

XXIII.

La terre est un corps poreux et plein de vides. L'air circule dans ces vides, et s'il en est entré plus qu'ils n'en lais sent sortir, il ébranlera la terre. Cette cause est admise par beaucoup d'auteurs, comme je viens de le dire, si tant est que la foule des témoignages fasse autorité pour toi. C'est aussi l'opinion de Callisthène, homme bien digne d'estime ; car il eut l'âme élevée, et ne voulut point souffrir les extravagances île son roi. Ce nom-là est contre Alexandre un grief éternel, que ni aucune vertu, ni des guerres toujours heureuses ne rachèteront. Chaque fois qu'on dira : « Que de milliers de Perses sont tombés sous ses coups ! » on répliquera : « Et Callisthène aussi. » Chaque fois qu'on dira : « Par lui est mort Darius, Darius *le grand roi* ; » on répliquera : « Et Callisthène aussi. » Chaque fois qu'on dira : « Il a tout vaincu jusqu'aux bords de l'Océan ; il y a même aventuré les premières flottes qu'aient vues ses ondes ; il a étendu son empire d'un coin de la Thrace aux bornes de l'Orient ; » on répondra : « Mais il a tué Callisthène. » Eût-il dépassé tout ce qu'avant lui capitaines et rois ont laissé de glorieux exemples, il n'aura rien fait de si grand que ce dernier crime [1636] . Callisthène, dans l'ouvrage où il a décrit la submersion d'Hélice et de Buris, la catastrophe qui jeta ces villes dans la mer ou la mer sur ces villes, en donne la cause que nous avons dite plus haut. « L'air pénètre dans la terre par des ouvertures cachées, et sous la mer comme partout ; lorsque ensuite viennent à s'obstruer les conduits par où il est descendu, et que par derrière la résistance de l'eau lui interdit le retour, il se porte çà et là, et, par ses contre-courants, il ébranle la terre. Aussi les lieux qui font face à la mer sont-ils les plus sujets au fléau ; et de là fut attribué à Neptune le pouvoir d'ébranler la mer. » Ceux qui connaissent les premiers éléments de la littérature grecque savent que ce dieu y est surnommé *Sisichthon* .

XXIV.

J'admets aussi que l'air est la cause de ces désordres ; mais je contesterai sur son mode d'introduction dans le sein de la terre. Est-ce par des pores déliés et invisibles, ou par des conduits plus grands, plus ouverts ? Vient-il du fond de la terre ou de la surface ? Ce dernier point est inadmissible. La peau même chez l'homme refuse passage à l'air ; il n'entre que par l'organe qui l'aspire, et ne séjourne, une fois reçu, que dans la partie qui offre le plus de capacité. Ce n'est pas au milieu des nerfs et des muscles, c'est dans les viscères et dans un large réservoir intérieur qu'il se loge. On peut soupçonner qu'il en est ainsi de la terre, parce que le mouvement part, non de sa surface ou d'une couche voisine de sa surface, mais du fond même de ses entrailles. Ce qui le prouve, c'est que les mers les plus profondes en sont agitées, sans doute par l'ébranlement de leur lit. Il est donc vraisemblable que le tremblement vient des profondeurs du globe, où l'air s'engouffre dans d'immenses cavités. « Mais, dira-t-on, comme le froid nous fait frissonner et trembler, l'air extérieur ne produit-il pas la même impression sur la terre ? » La chose n'est nullement possible ; il faudrait que la terre fût sensible au froid, pour qu'il lui arrivât, confine à nous, de frissonner sous une influence extérieure. Que la terre éprouve quelque chose d'analogue à ce que ressent l'homme, mais par une cause différente, je l'accorde. La force qui la bouleverse doit venir d'une plus grande profondeur ; et le meilleur argument qu'on en puisse donner, c'est que dans ces véhémentes commotions qui entrouvrent le sol et dans ces immenses écroulements, des villes entières sont parfois dévorées par le gouffre qui les ensevelit. Thucydide raconte que vers l'époque de la guerre du Péloponnèse l'île d'Atalante fut totalement ou du moins en grande partie détruite. Sidon eut le même sort, s'il faut en croire Posidonius. Et il n'est pas besoin ici d'autorités : n'avons-nous pas souvenir que des convulsions intestines du globe ont séparé, rejeté au loin des lieux qui se touchaient, et anéanti des campagnes ? Je vais dire comment, selon moi, les choses se passent alors.

XXV.

Quand le vent, engouffré dans une vaste cavité terrestre qu'il remplit, commence à lutter, à chercher une issue, il frappe à maintes reprises les parois qui l'enferment, et au-dessus desquelles des villes quelquefois sont assises. Tantôt les secousses sont telles, que les édifices placés à la surface du sol en sont renversés ; souvent, plus puissantes encore, elles font crouler ces mêmes parois qui supportent l'immense voûte pardessus le vide, et y engloutissent avec elles des villes entières, à des profondeurs inconnues. On prétend, si tu veux le croire, que jadis l'Ossa et l'Olympe ne faisaient qu'un, mais qu'un tremblement de terre les a disjoints ; qu'il a fendu en deux l'énorme montagne ; qu'alors on vit jaillir le Pénée, qui, laissant à sec les marais dont la Thessalie avait à souffrir, entraîna avec lui leurs eaux croupissantes faute d'écoulement. L'origine du Ladon, qui coule entre Élis et Mégalopolis, vient d'un tremblement de terre. Que prouvent ces faits ? Que de vastes cavernes (quel autre nom donnerais-je aux cavités souterraines ?) servent à l'air de réceptacle ; sinon les secousses embrasseraient de bien plus grands espaces, et plusieurs pays seraient ébranlés du même coup. Mais elles ne se font sentir que dans des limites fort restreintes, et jamais jusqu'à deux cents milles. Le tremblement dont le monde entier vient de parler n'a point dépassé la Campanie. Ajouterai-je que, quand Chalcis tremblait, Thèbes restait immobile ? Quand la ville d'Aegium était bouleversée, Patras, qui en est si voisine, ne le sut que par ouï-dire. L'immense secousse qui effaça du sol Hélice et Buris s'arrêta en deçà d'Aegium. Il est donc évident que le mouvement ne se prolonge qu'à proportion de l'étendue du vide souterrain.

XXVI.

Je pourrais ici m'appuyer fort au long de grandes autorités, lesquelles nous disent que jamais le sol de l'Égypte n'a tremblé. La raison qu'elles en donnent, c'est qu'il est tout entier formé de limon. En effet, s'il faut en croire Homère, Pharos était éloignée du continent de tout l'espace que peut franchir en un jour un vaisseau voguant à pleines voiles ; elle fait maintenant partie de ce continent. En effet, les eaux bourbeuses du Nil, chargées d'une vase épaisse qu'elles déposent incessamment sur le sol primitif, l'ont toujours recalé par ces alluvions annuelles. Aussi ce terrain, gras et limoneux, n'offre-t-il aucun interstice ; enrichi d'une croûte solide à mesure que se desséchait la vase, d'une couche concrète et cohérente par l'agglutination de ses molécules, aucun vide ne s'y put former, puisque toujours aux parties sèches venaient s'ajouter des matières liquides et molles. Cependant et l'Égypte tremble et aussi Délos, que de son chef Virgile déclare

Les philosophes aussi, race crédule, en avaient dit autant, sur la foi de Pindare. Thucydide prétend que, jusque-là toujours immobile, elle trembla vers le temps de la guerre du Péloponnèse. Callisthène parle d'une autre secousse à une époque différente. « Parmi les nombreux prodiges, dit-il, qui annoncèrent la destruction d'Hélice et de Buris, les plus frappants furent une immense colonne de feu, et la secousse que ressentit Délos. » Selon lui, cette lie demeure ferme, parce que, sur la mer où elle est assise, elle a pour bases des roches poreuses et des pierres perméables où l'air s'engage et d'où il peut sortir ; qu'ainsi encore le sol des îles est mieux assuré, et les villes d'autant plus à l'abri des secousses, qu'elles sont plus voisines de la mer. Assertion fausse, comme ont pu le sentir Herculanum et Pompéi. Toutes les côtes, au reste, sont sujettes aux tremblements de terre. Témoin Paphos, renversée plus d'une fois, et la fameuse Nicopolis, pour qui c'était un fléau familier. Cypre, qu'environne une mer profonde, n'en est pas exempte, non plus que Tyr elle-même, quoique baignée par les îlots. Telles sont à peu près toutes les causes que l'on assigne aux tremblements de terre.

XXVII.

Cependant on cite, du désastre de la Campanie, certaines particularités dont il faut rendre raison. Un troupeau de six cents moutons a, dit-on, péri sur le territoire de Pompéi. Il ne faut pas croire que ces animaux soient morts de peur. Nous avons dit qu'ordinairement les grands tremblements de terre sont suivis d'une sorte de peste, ce qui n'est pas étonnant, car le sein de la terre recèle plus d'un principe de mort. D'ailleurs l'air même, qui s'y corrompt ; soit par les miasmes de la terre, soit par sa propre stagnation dans ces éternelles ténèbres où il dort, est funeste aux êtres qui le respirent ; ou, vicié par l'action délétère des feux intérieurs, après qu'il a croupi longtemps, il vient souiller et dénaturer notre pure et limpide atmosphère, et le fluide inaccoutumé qu'on respire alors nous apporte des maladies d'une espèce nouvelle. Et puis, l'intérieur de la terre renferme aussi des eaux dangereuses et pestilentielles, parce que jamais aucun mouvement ne les agite, et que l'air libre ne les bat jamais. Épaissies par le brouillard pesant et continuel qui les couvre, il n'en sort que des molécules empoisonnées et insalubres pour l'homme. L'air aussi qui s'y trouve mêlé et que ces marais tiennent captif ne s'en échappe pas sans répandre au loin son poison et sans tuer ceux qui boivent de ces eaux. Les troupeaux, naturellement sujets aux épidémies, sont atteints d'autant plus vite, qu'ils sont plus avides ; ils vivent bien plus que nous à ciel ouvert et font un fréquent usage de l'eau, ce principal agent de la contagion. Les moutons, dont la constitution est plus délicate et qui ont la tête plus voisine du sol, ont dû être atteints à l'instant ; et la chose est simple : ils respiraient l'exhalaison presque à son foyer. Elle eût été fatale à l'homme même, si elle fût sortie avec plus d'abondance ; mais la grande masse d'air pur dut la neutraliser, avant qu'elle s'élevât à portée de la respiration humaine.

XXVIII.

Que la terre renferme beaucoup de principes mortels, c'est ce que prouve la multitude de poisons nés, sans qu'on les sème, spontanément ; car elle a en elle les germes des plantes nuisibles comme des plantes utiles. Et sur plusieurs points de l'Italie ne s'exhale-t-il pas, par certaines ouvertures, une vapeur pestilentielle que ni l'homme ni les animaux ne respirent impunément ? Les oiseaux mimes qui traversent ces miasmes, avant qu'un air plus pur en ait adouci l'influence, tombent au milieu de leur vol ; leur corps devient livide, et leur cou se gonfle comme s'ils eussent été étranglés. Tant que cette vapeur, retenue dans la terre, ne fuit que par d'étroites fissures, son action se borne à tuer ceux qui baissent la tête sur la source ou qui s'en approchent de trop près. Mais renfermée durant des siècles dans d'affreuses ténèbres, elle se vicie davantage et croît en malignité avec le temps ; plus elle fut stagnante, plus elle est funeste. Trouve-t-elle une issue, se dégage-t-elle de cette glaçante et éternelle prison, de cette infernale nuit, notre atmosphère en est infectée ; car les substances pures cèdent aux substances corrompues. L'air salubre alors passe à l'état contraire. De là cette continuité de morts subites et ces maladies aussi monstrueuses dans leur genre qu'extraordinaires par leurs causes. Cette calamité est plus ou moins longue, selon l'intensité du poison, et le fléau ne disparaît qu'après que ces lourds miasmes se sont délayés au loin sous le ciel, secoués par les vents.

XXIX.

A Pompéi des hommes errèrent çà et là comme hors de sens, frappés de vertige par la peur, cette peur qui, même modérée et toute personnelle, trouble la raison ; or quand elle saisit les masses au milieu des villes croulantes, des peuples écrasés, des convulsions du sol, quoi d'étonnant qu'elle égare des esprits sans ressource entre la douleur et l'effroi ? Il n'est pas facile, dans les grandes catastrophes, de ne rien perdre de son jugement. Alors la plupart des âmes faibles arrivent à un point de terreur qui les enlève à elles-mêmes. Jamais la terreur ne vient sans ôter quelque chose à l'intelligence ; c'est une sorte de délire ; mais il y a des hommes qui reviennent bientôt à eux ; d'autres, plus fortement bouleversés, tombent dans la démence. C'est pour cela que, dans les batailles, beaucoup d'hommes errent en insensés ; et nulle part on ne trouve plus de prophètes qu'aux lieux où la terreur se mêle à la superstition pour frapper les esprits. Qu'une statue se fende, je ne m'en étonne pas, quand des montagnes, comme je l'ai dit, se disjoignent, quand la terre se déchire jusqu'en ses abîmes.

Ce sol, dit-on, jadis à grand bruit s'écroulant

(Tant sa longue vieillesse a pu changer le monde !),

En deux parts se rompit, reçut la mer profonde ;

Et Neptune baigna de ses flots resserrés

Les villes, et les champs désormais séparés.

D'un flanc de l'Hespérie il a fait la Sicile [1638] .

Tu vois des contrées entières arrachées de leurs bases, et au-delà de la mer des champs qui touchaient les nôtres ; tu vois des villes même et des nations se partager en deux, quand la nature, dans ses révoltes locales et spontanées, déchaîne sur quelque point la mer, le feu, les trombes d'air, puissances prodigieuses, car c'est elle tout entière qui les met en branle, car si elles frappent partiellement, elles ont pour frapper la force du grand tout. Ainsi la mer a ravi les Espagnes au continent africain ; ainsi l'irruption chantée par de grands poètes a retranché la Sicile de l'Italie. Mais il y a quelque peu plus de fougue dans l'effort qui part du centre de la terre, d'autant plus énergique qu'il est plus gêné pour agir. Mais c'est assez parler des vastes effets et des merveilleux phénomènes qu'offrent les tremblements de terre.

XXX.

Pourquoi donc s'étonner de voir éclater le bronze d'une statue non massive, mais creuse et mince, où l'air peut s'être enfermé et d'où il veut fuir ? Qui ne sait que, par les tremblements du sol, des édifices se sont fendus diagonalement, puis rejoints ; que souvent d'autres, portant à faux sur leurs bases, ou bâtis trop négligemment et de peu de consistance, se sont raffermis ? Que si alors on voit des murs, des maisons entières se fendre, les pans les plus solides des tours se déchirer, les assises de vastes ouvrages manquer sur tous les points, est-ce un fait bien digne de remarque qu'une statue se soit divisée en deux parties égales de la tête aux pieds ? Mais pourquoi le tremblement dura-t-il plusieurs jours en Campanie ? Car les secousses y furent incessantes, plus clémentes sans doute qu'au début, mais désastreuses, vu qu'elles ébranlaient des masses déjà attaquées et branlantes, qui pour tomber n'avaient pas besoin, tant elles tenaient mal, d'être poussées, mais seulement remuées. C'est que tout l'air n'était pas sorti ; et bien qu'il fût dehors en grande partie [1639], il errait encore çà et là.

XXXI.

A tous les arguments qui démontrent que l'air produit tout cela, on peut, sans hésiter, joindre celui-ci : Après une violente secousse, qui a maltraité des villes, des contrées entières, la secousse subséquente ne saurait être aussi vive ; à cette première en succèdent de moindres, le plus fort courant a ouvert l'issue à ses rivaux. Ce qui demeure comme retardataire n'a plus la même puissance, le même besoin de lutte ; la voie est trouvée ; l'air n'a qu'à suivre celle par où s'est faite sa première et plus forte éruption. Je crois devoir rappeler ici la remarque d'un homme très docte et très digne de foi, qui était au bain lors du tremblement de la Campanie. Il affirmait avoir vu les carreaux qui pavaient le sol du bain se séparer les uns des autres, puis se rapprocher ; l'eau se montrait dans les interstices au moment de la séparation, puis se refoulait en bouillonnant quand le rapprochement avait lieu. J'ai ouï dire, par le même, qu'il avait vu les corps mous éprouver des secousses plus fréquentes, mais plus douces que les corps naturellement durs.

XXXII.

C'en est assez, cher Lucilius, sur les causes des tremblements de terre. Parlons des moyens d'affermir nos âmes en de tels moments : il nous importe plus de grandir en courage qu'en science ; mais l'un ne va pas sans l'autre. Car la force ne vient à l'âme que par la science, par l'étude réfléchie de la nature. Est-il une âme, en effet, que ce désastre même n'ait dû fortifier et enhardir contre tous les autres désastres ? Pourquoi redouterai-je un homme, une bête sauvage, une flèche ou une lance ? De bien autres périls m'attendent. La foudre, ce globe même, tous les éléments nous menacent. Eh bien, portons à la mort un généreux défi, soit qu'elle mène de front contre nous un immense appareil, soit qu'elle nous apporte une fin vulgaire et de tous les jours. Qu'importe avec quelles terreurs elle nous attaque, ou quel vaste cortège elle traîne ? Ce qu'elle veut de nous c'est un rien, que doit nous ôter la vieillesse, ou un léger mal d'oreille, l'humeur viciée qui surabonde, un mets antipathique à l'estomac, une simple égratignure au pied. C'est peu de chose que la vie de l'homme ; mais une grande chose, c'est le mépris de cette vie. Qui la méprise verra sans pâlir les mers bouleversées, quand tous les vents la soulèveraient, quand un flux immense, déchaîné par quelque grande révolution, ferait de toute la terre un océan. Il verra sans pâlir l'horrible et sinistre tableau d'un ciel qui vomirait la foudre, et dont la voûte brisée anéantirait tout sous ses feux, et elle-même avant tout. Il verra sans pâlir se rompre la charpente du globe entrouvert. L'empire même des morts se découvrît-il à ses yeux, sur le bord de l'abîme il demeurera ferme et debout ; peut-être même, s'il y doit tomber, se précipitera-t-il. Que m'importe la grandeur de la catastrophe qui me tue ? La mort elle-même n'est pas si grand-chose. Si donc nous voulons vivre heureux et n'être en proie ni à la crainte des dieux, ni à celle des hommes ou des choses, et regarder en dédain les vaines promesses de la Fortune, comme ses puériles menacée ; si nous voulons couler des jours tranquilles et le disputer aux immortels même en félicité, tenons toujours notre âme prête à partir. Si des pièges, si des maladies, si les glaives ennemis, si le fracas de tout un quartier qui s'écroule, si la ruine du globe ou un déluge de feux embrassant cités et campagnes dans une même destruction menacent notre vie, s'ils la veulent, qu'ils la prennent. Qu'ai-je à faire, sinon de réconforter mon âme au départ, de la congédier avec de bons auspices, de lui souhaiter courage et bonheur, de lui dire : « N'hésite point à payer ta dette. Elle n'est point douteuse ; l'époque seule du paiement l'était. Tu fais ce que tu devais faire tôt ou tard. Point de supplications, point de crainte ; ne recule pas, comme si tu allais au-devant du malheur. La nature, dont tu es fille, t'appelle en une meilleure et plus sûre patrie. Là, point de sol qui tremble ; point de vents qui fassent retentir les nues de leurs luttes bruyantes ; point d'incendies qui dévorent des villes, des régions ; point de naufrages où des flottes entières s'engloutissent ;

point d'armées où, suivant des drapeaux contraires, des milliers d'hommes s'acharnent avec une même furie à leur mutuelle extermination ; point de ces pestes qui entassent sur un bûcher commun les peuples pêle-mêle expirants. Que craignons-nous un mal si léger ? Est-il grave ? Qu'il fonde une bonne fois sur nos têtes, plutôt que d'y planer sans cesse ! Craindrai-je donc de périr quand la terre périt avant moi ; quand le globe, qui fait trembler toutes choses, tremble le premier et ne me porte atteinte qu'à ses dépens ? Hélice et Buris ont été totalement abîmées dans la mer, et je craindrais pour ma chétive et unique personne ? Des vaisseaux cinglent sur deux villes, sur deux villes que nous connaissons, dont l'histoire a gardé et nous a transmis le souvenir. Combien d'autres cités submergées ailleurs ! Que de peuples sur lesquels la terre ou les flots se sont refermés ! Et je ne voudrais pas de fin pour moi, quand je sais que finir est la condition de mon être, que dis-je ? quand je sais que tout a sa fin ! Ce qui n'est qu'un dernier soupir m'effraierait ! »

Exhorte-toi donc le plus que tu pourras, Lucilius, contre la crainte de la mort, ce sentiment qui nous rapetisse, qui, pour ménager notre vie, la trouble et l'empoisonne, qui nous exagère tous périls, soit les tremblements de terre, soit la foudre. Tous ces périls, tu les braveras avec constance, si tu songes qu'entre la plus courte et la plus longue vie la différence est nulle : quelques heures de perdues. Admets que ce soient des jours, que ce soient des mois, que ce soient des années, nous perdons ce qu'il eut toujours fallu perdre. Qu'importe, dis-moi, que j'arrive ou non à ce temps qui fuit, que les plus avides à le saisir n'arrêtent pas ? Ni l'avenir n'est à moi, ni le passé. Je flotte suspendu sur un point de la mobile durée [1640] ; avoir été, en ce court moment, est-ce une grande chose ? Écoute la piquante réponse du sage Lelius à l'homme qui disait : « J'ai soixante ans ! — Parlez-vous des soixante ans que vous n'avez plus [1641] ? » La vie est de nature insaisissable, et jamais le temps n'appartient à l'homme ; voilà ce que nous ne sentons pas, nous qui ne comptons que des années déjà perdues. Gravons dans nos âmes et ne cessons de répéter cet avertissement : Il faut mourir ! Quand ? Peu importe. La mort est la loi de la nature, le tribut et le devoir des mortels, le remède de tous les maux. Il la souhaitera celui qui en a peur.

Lucilius, laisse là tout le reste, et applique-toi uniquement à ne pas craindre ce mot : la mort. Rends-toi la familière à force d'y penser, pour qu'au besoin tu puisses même courir au-devant d'elle.

Livre VII – Des comètes. Quelle est leur nature. – Importance des études qui ont pour objet les phénomènes naturels. On les néglige, on les oublie pour se donner tout entier à la mollesse et aux vices.

I.

Il n'est mortel si apathique, si obtus, si courbé vers la terre, qui ne se redresse et ne tende de toutes les forces de sa pensée vers les choses divines, quand surtout quelque nouveau phénomène apparaît dans les cieux. Tant que là-haut tout suit son cours journalier, l'habitude du spectacle en dérobe la grandeur. Car l'homme est ainsi fait. Si admirable que soit ce qu'il voit tous les jours, il passe indifférent, tandis que les choses les moins importantes, dès qu'elles sortent de l'ordre accoutumé, le captivent et l'intéressent. Tout le chœur des constellations, sur cette immense voûte dont elles diversifient la beauté, n'attire pas l'attention des peuples ; mais qu'il s'y produise quelque chose d'extraordinaire, tous les visages sont tournés vers le ciel. Le soleil n'a de spectateur que lorsqu'il s'éclipse [1643] . On n'observe la lune que quand elle subit pareille crise. Alors les cités poussent un cri d'alarme, alors chacun tremble pour soi d'une superstitieuse panique. Combien n'est-il pas plus merveilleux de voir le soleil parcourir, à peu de chose près, autant de degrés qu'il fait naître de jours, ce soleil qui, dans sa révolution, clôt l'année ; qui, après le solstice, fait décroître les jours en rétrogradant, et dans sa marche toujours plus oblique laisse aux nuits plus d'espace ; qui efface la clarté des astres ; qui, tant de fois plus grand que la terre, ne la consume point, mais la réchauffe par sa chaleur qu'il dispense tour à tour plus intense et plus faible ; qui n'illumine ou n'éclipse jamais tout le disque de la lune, que lorsqu'elle lui fait face. Tous ces faits, on n'y prend pas garde, tant que l'harmonie ne s'interrompt point. Survient-il quelque trouble, quelque apparition inaccoutumée, on regarde, on interroge, on provoque l'attention des autres. Tant il est dans notre nature d'admirer le nouveau plutôt que le grand ! Même chose a lieu pour les comètes. S'il apparaît de ces corps de flamme d'une forme rare et insolite, chacun veut savoir ce que c'est ; on oublie tout le reste pour s'enquérir du nouveau venu ; on ne sait s'il faut admirer ou trembler : car on ne manque pas de gens qui sèment la peur, qui tirent de là de graves pronostics. Aussi les questions se pressent, on brûle, de savoir si c'est un prodige, ou un astre. Non certes, il n'est point de recherche plus noble, d'enseignement plus utile que celui qui porte sur la nature des étoiles et des corps célestes : y a-t-il là une flamme concentrée, comme l'affirment notre vue et la lumière même qu'ils nous versent [1644] et la chaleur qui descend d'eux à nous ; ou bien, au lieu de globes enflammés, sont-ce des corps solides et terreux qui, glissant dans les plages ignées, en reçoivent, pour briller ainsi, une couleur d'emprunt, une clarté qui n'est pas en eux ? Cette opinion fut celle de grands esprits : ils regardaient les astres comme des substances dures et compactes qui s'alimentent de feux étrangers. La flamme toute seule, disent-ils, se dissiperait, si elle n'était retenue par un corps qu'elle retient à son tour ; un globe de lumière qui n'adhérerait pas à un corps stable par lui-même serait certes bientôt dispersé par le rapide mouvement des cieux.

II.

Pour faciliter nos recherches, il sera bon d'examiner si les comètes sont de même nature que les corps placés plus haut qu'elles. Elles ont avec eux des points de ressemblance, l'ascension, la déclinaison, et aussi la forme extérieure, sauf la diffusion et le prolongement lumineux ; du reste, même feu, même éclat. Si donc tous les astres sont des corps terreux, elles le seront pareillement. S'ils ne sont qu'une flamme pure, qui subsiste six mois durant et résiste à la révolution du monde si impétueuse, les comètes peuvent être aussi formées d'une substance déliée, que la rotation perpétuelle des cieux ne saurait dissoudre. Il ne sera pas hors de propos non plus de rechercher si le monde tourne autour de la terre immobile, ou si c'est le monde qui est fixe et la terre qui tourne. Des philosophes ont dit, en effet, que c'est nous que la nature emporte à notre insu ; que ce n'est pas le ciel, mais bien notre globe qui se lève et qui se couche. Question digne de toute notre attention, que celle de savoir quelle situation est la nôtre : si notre demeure est stationnaire ou douée du plus rapide mouvement ; si Dieu fait rouler l'univers autour de nous, ou nous autour de l'univers. Il faudrait aussi avoir le tableau de toutes les comètes qui apparurent avant nous : car leur rareté jusqu'ici empêche de saisir la loi de leur course et de s'assurer si leur marche est périodique, si un ordre constant les ramène au jour marqué. Or, l'observation de ces corps célestes est de date récente et ne s'est introduite que depuis peu dans la Grèce.

III.

Démocrite, le plus sagace des anciens observateurs, soupçonne qu'il y a plus d'étoiles errantes qu'on ne croit : mais il n'en fixe pas le nombre et ne les nomme point ; le cours des cinq planètes n'était pas même alors déterminé. Eudoxe, le premier, transporta d'Égypte dans la Grèce la connaissance de leurs mouvements. Toutefois il ne dit rien des comètes ; d'où il résulte que les Égyptiens même, le peuple le plus curieux d'astronomie, avaient peu approfondi cette partie de la science. Plus tard Gonon, observateur aussi des plus exacts, dressa le catalogue des éclipses de soleil qu'avaient notées les Égyptiens, mais ne fit aucune mention des comètes, qu'il n'eût point omises s'il eût trouvé chez eux quelques faits constatés sur ce point. Seulement, deux savants qui disent avoir étudié chez les Chaldéens, Épigène et Apollonius de Myndes, ce dernier si habile astrologue, diffèrent entre eux sur ce même sujet. Selon Apollonius, les comètes sont mises par les Chaldéens au nombre des étoiles errantes, et ils connaissent leur cours ; Épigène, au contraire, dit qu'ils n'ont rien de positif sur les comètes, mais qu'ils les prennent pour des corps qu'enflamme un tourbillon d'air violemment roulé sur lui-même.

IV.

Commençons, si tu le veux bien, par exposer le système d'Épigène et par le réfuter. Saturne est, selon lui, la planète qui influe le plus sur tous les mouvements des corps célestes. « Lorsqu'il pèse sur les signes voisins de Mars, ou qu'il entre dans le voisinage de la lune, ou en conjonction avec le soleil, sa nature froide et orageuse condense l'air et le roule en globe sur plusieurs points ; s'il absorbe ensuite les rayons solaires, le tonnerre gronde et l'éclair luit. Si Mars concourt à son action, la foudre éclate. Outre cela, dit-il, les éléments de la foudre ne sont pas les mêmes que ceux des éclairs : l'évaporation des eaux et de tous les corps humides ne produit dans le ciel que ces lueurs qui menacent sans frapper ; mais plus chaudes et plus sèches, les exhalaisons de la terre font jaillir la foudre. Les poutres, les torches, qui ne diffèrent entre elles que par le volume, ne se forment pas autrement. Lorsqu'un de ces globes d'air que nous appelons trombes s'est chargé de particules humides et terreuses, quelque part qu'il se porte, il offre l'aspect d'un feu dilaté, et dure autant que subsiste cette masse d'air saturée d'éléments humides et terreux. »

V.

Réfutons d'abord la dernière de ces erreurs : il est faux que les poutres et les torches soient produites par des trombes. La trombe ne se forme et ne court que dans le voisinage de la terre : aussi la voit-on déraciner les arbustes et mettre à nu le sol par tout où elle se jette, emportant quelquefois forêts et maisons ; presque toujours plus bas que les nuages, jamais du moins elle ne s'élève au-dessus. C'est dans une partie plus élevée du ciel que paraissent les poutres, et jamais on ne les voit entre la terre et les nuages. De plus, la trombe est toujours plus rapide qua les nuages, et elle est lancée circulairement ; enfin, elle cesse brusquement et crève par sa violence même. Les poutres ne traversent pas le ciel d'un horizon à l'autre comme les torches ; elles stationnent et brillent toujours sur le même point. Charimandre, dans son *Traité des comètes* , dit qu'Anaxagore vit dans le ciel une lumière considérable et extraordinaire, de la dimension d'une grosse poutre, et qui dura plusieurs jours. Une flamme allongée, d'un aspect semblable, au rapport de Callisthène, précéda la submersion d'Hélice et de Buris. Aristote prétend que ce n'était pas une poutre, mais une comète, qu'au reste son grand éclat empêchait de voir sa diffusion ; mais que plus tard, quand il se fut affaibli, la comète parut ce qu'elle était. Cette apparition, remarquable sous plus d'un rapport, l'est surtout en ceci, qu'aussitôt après, la mer couvrit ces deux villes. Aristote regardait-il cette poutre ; ainsi que toutes les autres, comme des comètes ? Mais il y a cette différence que la flamme des poutres est continue, et celle des comètes éparpillée. Les poutres brillent d'une flamme égale, sans solution de continuité, sans affaiblissement, seulement plus concentrée vers les extrémités. Telle était, d'après Callisthène, celle dont je viens de parler.

VI.

« Il y a, dit Épigène, deux espèces de comètes. Les unes projettent en tous sens une flamme vive, et ne changent point de place ; les autres jettent d'un seul côté une flamme éparse comme une chevelure, et passent plus bas que les étoiles ; de cette espèce furent les deux comètes que notre siècle a vues. Les premières sont hérissées dans leur contour d'une sorte de crinière ; immobiles, presque toujours peu élevées, elles sont produites par les mêmes causes que les poutres et les torches, par une surabondance d'air épais où tourbillonnent force émanations humides et sèches de notre globe. Ainsi le vent, comprimé dans des lieux étroits, peut enflammer l'air supérieur, si cet air est riche d'éléments inflammables ; il peut ensuite écarter de ce centre lumineux l'air voisin, qui rendrait fluide et alanguirait le globe de feu ; enfin, le lendemain et les jours suivants, il peut s'élever encore aux mêmes points pour y rallumer l'incendie. Nous voyons, en effet, les vents plusieurs jours de suite renaître aux mêmes heures. Les pluies aussi et les autres météores orageux ont leurs retours périodiques. » Enfin, pour résumer la théorie d'Épigène, il croit ces comètes formées d'une manière analogue à l'explosion de feux qu'amène un tourbillon. La seule différence est que les trombes fondent des régions supérieures sur le globe, au lieu que les comètes s'élèvent du globe vers ces mêmes régions.

VII.

On fait contre ce système plusieurs objections. D'abord, si le vent était ici cause agissante, il venterait toujours à l'apparition des comètes ; or, elles se montrent par le temps le plus calme. Ensuite, si le vent leur donnait naissance, elles disparaîtraient à la chute du vent ; si elles commençaient avec lui, elles grandiraient de même ; elles auraient d'autant plus d'éclat qu'il aurait plus de violence. A quoi j'ajoute encore que le vent agit sur plusieurs points de l'atmosphère, et que les comètes ne se montrent qu'en une seule région ; à une certaine élévation le vent n'arrive plus, et l'on voit des comètes bien plus haut que les vents ne peuvent monter. Épigène passe ensuite à l'espèce de comètes qui, dit-il, ressemblent plus spécialement aux étoiles, qui ont un mouvement et dépassent la ligne des constellations. Il leur attribue la même origine qu'à ses comètes inférieures, à cela près que la masse d'exhalaisons terrestres qu'elles portent en elles, et qui sont sèches, tend à s'élever vers les régions supérieures du ciel où l'aquilon les pousse. Mais si l'aquilon les poussait, elles iraient toujours vers le midi, qui est la direction de ce vent. Or, leurs tendances sont diverses, à l'orient pour les unes, au couchant pour les autres ; toutes suivent une courbe que le vent ne leur imprimerait pas. Enfin, si c'était l'aquilon qui les fit monter de la terre dans les cieux, les comètes ne se lèveraient jamais par d'autres vents ; ce qui pourtant a lieu.

VIII.

Réfutons maintenant la seconde raison dont Épigène s'appuie : car il en donne deux. « Tout ce que la terre exhale de sec et d'humide doit, une fois réuni, par l'incompatibilité même des principes, rouler l'air en tourbillon. Ce vent fougueux, mû circulairement, enflamme tout ce qu'il ramasse dans sa course et le porte au plus haut des airs. L'éclat du feu qu'il fait jaillir dure autant que ce feu peut s'alimenter, et tombe dès qu'il ne le peut plus. » Raisonner ainsi, ce n'est pas voir combien la marche des tourbillons diffère de celle des comètes. Les tourbillons, dans leur rapide violence, sont plus impétueux que les vents mêmes ; les comètes se meuvent tranquillement, et ce qu'elles traversent d'espace en un jour et une nuit n'est point appréciable.

D'ailleurs, la marche du tourbillon est vagabonde, pleine d'écarts ; selon le mot de Salluste, c'est comme un tournant d'eau ; la comète va régulièrement et suit une route déterminée. Qui pourrait croire que la lune, que les cinq planètes soient entraînées par le vent, ou roulées par un tourbillon ? Personne, je pense. Pourquoi ? parce qu'elles ne sont pas désordonnées, emportées dans leur cours. Disons la même chose des comètes. Rien de confus ni de tumultueux dans leur allure, rien qui fasse augurer qu'elles obéissent à des éléments de trouble et a des mobiles inconstants. Et puis, quand ces tourbillons seraient assez forts pour s'emparer des émanations humides et terrestres et les lancer de si bas à de telles hauteurs, ils ne les élèveraient pas au-dessus de la lune ; toute leur action s'arrête aux nuages. Or, nous voyons les comètes rouler au plus haut des cieux parmi les étoiles. Il n'est donc pas vraisemblable qu'un tourbillon se soutienne en un si long parcours ; car ; plus il est fort, plus tôt il tend à s'affaisser.

IX.

Ainsi, qu'Épigène choisisse : avec une force médiocre, le tourbillon ne pourra s'élever si haut ; violent et impétueux, il sera plus prompt à se briser. Que dit-il encore ? Que si les comètes inférieures ne montent pas davantage, c'est parce qu'elles ont plus de parties terrestres. C'est leur pesanteur qui les retient près de terre. Cependant, il faut bien que les autres comètes, plus durables et plus élevées, soient plus riches de matière ; elles ne luiraient pas si longtemps si elles ne trouvaient plus d'aliments. Je disais tout à l'heure qu'un tourbillon ne peut subsister longtemps ni monter au-dessus de la lune et au niveau des étoiles. C'est qu'un tourbillon n'est formé que par la lutte de plusieurs vents, lutte qui ne peut être longue. Quand des courants d'air, incertains et sans direction fixe, ont tourné en cercle quelques instants, l'un d'eux finit par prédominer. Jamais les grandes tempêtes ne durent ; plus l'orage est fort, plus il passe vite. C'est quand les vents sont à leur plus haut point d'intensité qu'ils perdent toute leur violence, et par cette impétuosité même ils tendent forcément à mourir. Aussi jamais n'a-t-on vu de tourbillons durer tout un jour, ni même toute une heure. Leur rapidité étonne ; leur courte durée n'étonne pas moins. Ajoute que leur véhémence et leur célérité sont plus sensibles sur la terre et dans son voisinage ; en s'élevant ils s'étendent, se relâchent et par là se dissipent. Enfin, quand ils atteindraient même la région des astres, le mouvement qui emporte tous ces grands corps les décomposerait. Quoi de plus rapide, en effet, que cette révolution du ciel ? Elle dissiperait l'effort de tous les vents coalises et la Solide et massive charpente de ce globe ; que ferait-elle donc de quelques molécules d'air roulées sur elles-mêmes ?

X.

Au reste, ces feux, portés si haut par un tourbillon, n'y subsisteraient qu'avec le tourbillon même. Or, quoi de moins admissible que la longue durée de ce phénomène ? Un mouvement est détruit par un mouvement contraire, et là-haut tout es soumis à cette puissance de rotation qui emporte le ciel,

Qui lance et fait tourner les astres, dans l'espace [1645] .

En accordant même quelque durée aux tourbillons, contre toute possibilité, que dira-t-on des comètes qui se montrèrent six mois de suite ? Ensuite il faudrait qu'il y eût deux mouvements en un même lieu : l'un de nature divine, permanent, et poursuivant son œuvre sans relâche ; l'autre, nouveau, accidentel, imprimé par un tourbillon. Nécessairement ils se feraient mutuellement obstacle. Or, les révolutions de la lune et des planètes qui roulent au-dessus d'elles sont irrévocablement fixées ; jamais d'hésitation ni d'arrêt, jamais rien qui fasse soupçonner qu'elles rencontrent quelque empêchement. On ne peut croire qu'un tourbillon, le plus violent, le plus désordonné des orages, arrive jusqu'au milieu des astres et se rue à travers ces rangs si paisibles, si harmonieux. Admettrons-nous que des circonvolutions d'un tourbillon il puisse naître un feu qui, lancé jusqu'au haut du ciel, nous fasse croire par son aspect même que c'est un astre allongé ? Au moins cette flamme devra-t-elle, ce me semble, avoir la forme de ce qui la produit : or, la forme d'un tourbillon est ronde, il tournoie sur place, comme ferait une colonne sur son axe ; la flamme qu'il porterait dans ses flancs devrait donc être ronde aussi. Mais la flamme des comètes est longue, éparse et nullement cylindrique.

XI.

Laissons Épigène, et poursuivons l'examen des autres opinions. Mais, avant de les exposer, rappelons-nous que les comètes ne se montrent pas dans une seule région du ciel, ni dans le cercle du zodiaque exclusivement ; elles paraissent au levant tout comme au couchant, mais le plus souvent vers le nord. Leurs formes diffèrent, car, quoique les Grecs en aient fait trois catégories : l'une, dont la flamme pend comme une barbe ; l'autre, qui s'entoure d'une sorte de chevelure éparse ; la troisième, qui projette devant elle un cône de lumière ; toutes cependant sont de la même famille et portent à bon droit le nom de comètes. Mais, comme elles n'apparaissent qu'à de longs intervalles, il est difficile de les comparer entre elles. Durant même leur apparition, les spectateurs ne sont point d'accord sur leur état réel : mais, selon qu'on a la vue plus perçante ou plus faible, on les dit plus brillantes ou plus rouges, on juge leur chevelure plus ramassée sur le corps de l'astre, ou plus saillante sur les côtés. Au reste, qu'il y ait entre elles quelques différences ou qu'il n'y en ait aucune, nécessairement toutes les comètes sont produites par les mêmes causes. Le seul fait bien constant, c'est que l'apparition, des comètes est insolite, leur forme étrange, et qu'elles trament autour d'elles une flammé échevelée. Quelques anciens ont goûté cette explication-ci : Quand deux étoiles errantes se rencontrent, leurs lumières, confondues en une seule, offrent l'aspect d'un astre allongé ; ce phénomène doit se produire non seulement par le contact, mais par l'approche même des deux corps. Car alors l'intervalle qui les sépare, illuminé et enflammé par toutes deux, doit figurer une longue traînée de feu.

XII.

A cela nous répondons que le nombre de ces étoiles mobiles est déterminé, et que toutes paraissent alors même que la comète se montre : il est donc manifeste que ce n'est pas leur jonction qui produit cet astre, lequel a son existence propre et indépendante. Souvent même une planète passe sous l'orbite d'une autre plus élevée, par exemple, Jupiter sous Saturne, Vénus ou Mercure sous Mars, qui est alors perpendiculairement au-dessus, sans que de ces rapprochements résulte la formation d'une comète, ce qui, sans cela, aurait lieu chaque année ; car tous les ans il se rencontre quelques planètes dans le même signe du zodiaque. S'il suffisait, pour produire une comète, qu'une étoile passât sur une autre étoile, la comète ne durerait qu'un instant, le passage des planètes étant des plus rapides. C'est pourquoi toute éclipse est si courte ; la même célérité qui a rapproché les deux astres les sépare. Nous voyons le soleil et la lune se dégager en peu d'instants des ténèbres qui les obscurcissent : combien les étoiles, si petites comparativement, doivent-elles se séparer plus vite ! Cependant des comètes durent jusqu'à six mois ; ce qui n'arriverait pas si elles étaient produites par la jonction de deux planètes, puisque celles-ci ne peuvent rester longtemps unies, et que la loi de vitesse qui les régit doit les pousser toujours en avant. Ces planètes d'ailleurs, qui nous semblent voisines entre elles, d'immenses intervalles les tiennent éloignées. Comment les feux d'une de ces étoiles pourraient-ils se porter jusqu'à l'autre, de manière à les faire paraître réunies à de si énormes distances ? « La lumière de deux étoiles, poursuit-on, se confond sous l'apparence d'une seule, comme les nuages rougissent quand le soleil les frappe, comme le crépuscule et l'aurore prennent une teinte dorée, comme l'iris, ou un second soleil nous apparaissent [1646] . » Mais, d'abord, tous ces effets sont dus à une cause très active ; c'est le soleil qui produit ces teintes enflammées. Les planètes n'ont pas la même puissance ; d'ailleurs, tous ces phénomènes n'arrivent que dans le voisinage de la terre, au-dessous de la lune. La région supérieure est pure, sans mélange qui l'altère, et a toujours sa couleur propre. Et si pareil phénomène s'y manifestait, il n'aurait pas de durée, il disparaîtrait bien vite, comme ces couronnes qui se forment autour du soleil et de la lune, et qui presque aussitôt s'effacent. L'arc-en-ciel même ne dure guère. Si la lumière de deux planètes pouvait remplir l'espace intermédiaire entre elles, elle ne serait pas moins prompte à se dissiper, ou du moins ne subsisterait pas aussi longtemps que les comètes. Les planètes roulent dans les limites du zodiaque, c'est leur cercle d'évolutions ; or, on voit des comètes sur tous les points, elles ne sont pas plus circonscrites dans l'espace que l'époque de leur apparition n'est fixe.

XIII.

Artémidore répond « que nos cinq planètes sont les seules observées, mais non pas les seules existantes ; qu'il nous en échappe une foule innombrable, soit que l'obscurité de leur lumière nous les rende invisibles, soit que la position de leur orbite ne nous permette de les voir que quand elles en touchent le point extrême. Il intervient donc, selon lui, des étoiles nouvelles pour nous qui confondent leur lumière avec celle des étoiles fixes, et projettent une flamme plus grande que celle des planètes ordinaires. » De tous les mensonges d'Artémidore, celui-ci est le plus léger ; car sa théorie du monde n'est, d'un bout à l'autre, qu'une fable impudente. A l'en croire, la région supérieure du ciel est solide : sorte de plafond résistant, voûte profonde et épaisse, composée d'un amas d'atomes condensés ; la couche suivante est de feu, tellement compacte qu'elle ne saurait se dissiper ni s'altérer. Il y a pourtant des soupiraux et comme des fenêtres par lesquelles pénètrent les feux de la partie extérieure du monde, non pas en si grande quantité qu'ils en puissent troubler l'intérieur, d'où ils remontent au dehors. Ceux qui paraissent contre l'ordre accoutumé découlent de ce foyer extérieur. » Réfuter de telles choses serait donner des coups en l'air et s'escrimer contre les vents.

XIV.

Je voudrais pourtant que ce philosophe, qui a fait au ciel un plancher si ferme, m'expliquât pourquoi nous devons croire à l'épaisseur dont il nous parle. Quelle puissance a porté si haut ces masses si compactes et les y retient ? Des éléments si massifs sont nécessairement d'un grand poids. Comment des corps pesants restent-ils au plus haut des cieux ? Comment cette masse ne descend-elle pas, ne se brise-t-elle pas par son poids ? Car il ne peut se faire que cette voûte énorme, ces hauts lambris d'Artémidore, pendent ainsi et n'aient qu'un fluide léger pour appui. On ne dira même pas que certains liens les retiennent extérieurement et empêchent leur chute, ni qu'entre eux et nous il y ait des supports sur lesquels ils pèsent et s'étayent. On n'osera pas dire non plus que le monde est emporté dans l'immensité, et qu'il tombe éternellement sans qu'il y paraisse, grâce à la continuité même de sa chute, qui n'a pas de terme où aboutir. C'est ce qu'on a dit de la terre, faute de pouvoir expliquer comment cette masse demeurerait fixe au milieu des airs. Elle tombe éternellement, dit-on ; mais on ne s'aperçoit pas de sa chute, parce qu'elle s'opère dans l'infini. Qui vous autorise ensuite à conclure que le nombre des planètes n'est pas borné à cinq, qu'il y en a une foule d'autres, et sur une foule de points ? Si vous n'avez pour cela aucun argument plausible, pourquoi ne vous répondrait-on pas que toutes les étoiles sont errantes ou qu'aucune ne l'est ? Enfin, toute cette multitude d'astres vagabonds vous est d'une faible ressource ; car, plus il y en aura, plus leurs rencontres seront fréquentes : or, les comètes sont rares, et c'est pour cela qu'elles étonnent toujours. D'ailleurs, le témoignage de tous les siècles s'élève contre vous ; car tous ont observé l'apparition de ces astres et en ont instruit la postérité.

XV.

Après la mort de Démétrius, roi de Syrie, père de Démétrius et d'Antiochus, peu avant la guerre d'Achaïe, brilla une comète aussi grande que le soleil. C'était d'abord un disque d'un rouge enflammé, une lumière assez éclatante pour triompher de la nuit. Insensiblement elle diminua de grandeur, son éclat s'affaiblit ; enfin, elle disparut totalement. Combien faut-il donc d'étoiles réunies pour former un si grand corps ? De mille étoiles n'en faites qu'une, elles n'égaleront pas la grosseur du soleil. Sous le règne d'Attale on vit une comète, petite d'abord, qui ensuite s'éleva ; s'étendit, s'avança jusqu'à l'équateur, et grossit au point d'égaler, par son immense diffusion, cette plage céleste qu'on nomme *Voie lactée* . Combien encore n'a-t-il pas fallu d'étoiles errantes pour remplir d'un feu continu un si grand espace du ciel ?

XVI.

Maintenant que j'ai réfuté les raisonnements, combattons les témoins. Je n'aurai pas grand-peine à dépouiller Euphorus de son autorité ; c'est un historien. Or, il en est qui vont relatant des choses incroyables pour se faire valoir, et comme le lecteur, s'ils le traînaient sur des événements trop communs, s'endormirait, ils le réveillent par des prodiges. D'autres sont crédules, d'autres négligents. Quelques-uns se laissent prendre au mensonge, quelques autres y ont goût ; ceux-ci ne savent pas l'éviter, ceux-là courent après. C'est le défaut commun à toute la race : on n'accueillera pas leur œuvre, elle ne sera point populaire, pensent-ils, s'ils ne l'ont saupoudrée de mensonge. Éphorus, l'un des moins consciencieux, est souvent trompé, souvent trompeur. Cette comète, par exemple, si anxieusement observée par tout ce qu'il y avait d'yeux au monde, à cause de la grande catastrophe qu'elle amena dès qu'elle parut, la submersion d'Hélice et de Buris, il prétend qu'elle se sépara en deux étoiles, et il est le seul qui l'ait dit. En effet, qui pouvait saisir l'instant de la dissolution, du fractionnement de la comète en deux parties ? Et comment, si quelqu'un la vit se dédoubler, nul ne l'a-t-il vue se former de deux étoiles ? Pourquoi Éphorus n'a-t-il pas ajouté les noms de ces deux étoiles ? L'une au moins devait faire partie des cinq planètes ?

XVII.

Apollonius de Myndes est d'une autre opinion. Selon lui, la comète n'est pas un assemblage de planètes ; mais une foule de comètes sont des planètes réelles. « Ce ne sont point, dit-il, des images trompeuses, des feux qui grossissent par le rapprochement de deux astres ; ce sont des astres particuliers, tel qu'est le soleil ou la lune. Leur forme n'est point précisément ronde, mais élancée, étendue en longueur. Du reste, leur orbite n'est pas visible ; ils traversent les plus hautes régions du ciel et ne deviennent apparents qu'au plus bas de leur cours. Ne croyons pas que la comète qu'on vit sous Claude soit la même que celle qui parut sous Auguste, ni que celle qui s'est montrée sous Néron, et qui a réhabilité les comètes, ait ressemblé à celle qui, après le meurtre de Jules César, durant les jeux de Vénus Génitrix, s'éleva sur l'horizon vers la onzième heure du jour. Les comètes sont en grand nombre et de plus d'une sorte ; leurs dimensions sont inégales, leur couleur diffère ; les unes sont rouges, sans éclat ; les autres blanches et brillantes de la plus pure lumière ; d'autres présentent une flamme mélangée d'éléments peu subtils et se chargent, s'enveloppent de vapeurs fumeuses. Quelques-unes sont d'un rouge de sang, sinistre présage de celui qui sera bientôt répandu. Leur lumière augmente et décroit comme celle des autres astres qui jettent plus d'éclat, qui paraissent plus grands à mesure qu'ils descendent et s'approchent de nous, plus petits et moins lumineux parce qu'ils rétrogradent et s'éloignent. »

XVIII.

On répond facilement à cela, qu'il n'en est pas des comètes comme des autres astres. Du premier jour où elles paraissent, elles ont toute leur grosseur. Or, elles devraient s'accroître en s'approchant de nous ; et cependant leur premier aspect ne change pas, jusqu'à ce qu'elles commencent à s'é teindre. D'ailleurs on peut dire contre Apollonius ce qu'on dit contre les auteurs précités : si les comètes étaient des astres, et des astres errants, elles ne rouleraient pas en dehors du zodiaque, dans lequel toute planète fait sa révolution. Jamais étoile ne paraît au travers d'une autre. La vue de l'homme ne peut percer le centre d'un astre, pour voir au-delà quelque astre plus élevé. Or, on découvre à travers les comètes comme à travers un nuage, les objets ultérieurs : la comète n'est donc point un astre, mais un feu léger et irrégulier.

XIX.

Zénon, notre maître, estime que ce sont des étoiles dont les rayons convergent et s'entremêlent, et que de cette réunion de lumières résulte un semblant d'étoile allongée. De là, quelques philosophes jugent que les comètes n'existent pas ; que ce sont des apparences produites par la réflexion des astres voisins, ou par leur rencontre, et quand la cohésion s'est faite. D'autres admettent leur réalité, mais pensent qu'elles ont leur cours particulier, et qu'après certaines périodes elles reparaissent aux yeux des hommes. D'autres enfin croient qu'elles existent, mais leur refusent le nom d'astres, vu qu'elles s'en vont pièce à pièce, qu'elles ne durent guère, et en peu de temps s'évaporent.

XX.

Presque tous ceux de notre école sont de cette opinion, qui leur semble ne pas répugner à la vérité. Et, en effet, nous voyons au plus haut des airs s'allumer des feux de toute espèce, tantôt le ciel s'embraser, tantôt

Fuir en longs traits d'argent des flammes blanchissantes [1647] ,

tantôt courir des torches avec de larges sillons de feu. La foudre même, malgré sa prodigieuse rapidité, qui nous fait passer en un clin d'œil de l'éblouissement aux ténèbres, est un feu dû à l'air froissé, un feu qui jaillit d'une forte collision atmosphérique. Aussi n'est-ce qu'une flamme sans durée, qui fait explosion et qui passe et à l'instant s'évanouit. Les autres feux subsistent plus longtemps, et ne se dissipent point que l'aliment qui les nourrissait ne soit entièrement consumé. A cette classe appartiennent les prodiges décrits par Posidonius, colonnes, boucliers ardents, et autres flammes remarquables par leur étrangeté, auxquelles on ne prendrait pas garde si leur cours suivait l'ordre habituel. Chacun s'étonne à ces apparitions d'un feu subit au haut des airs, soit qu'il ne fasse que briller et disparaître, soit que l'air comprimé au point de prendre feu lui donne cette consistance dont on s'émerveille. Et enfin, n'est-il pas vrai que parfois l'éther se déchire et laisse apparaître, en se refoulant sur lui-même, une vaste cavité lumineuse ? On pourrait s'écrier : Qu'est cela ?

> Je vois les cieux tout à coup s'entrouvrir,

> Leurs étoiles errer dans l'espace... [1648]

Et souvent ces phénomènes, sans attendre la nuit, éclatèrent en plein jour. Mais c'est par une autre raison que brillent à un moment si peu fait pour eux ces astres dont l'existence est constante, alors même qu'on ne les voit point. Beaucoup de comètes sont invisibles, parce que les rayons du soleil les effacent. Posidonius rapporte que dans une éclipse de cet astre on a vu paraître une comète qu'il cachait par son voisinage. Souvent, après le coucher du soleil, on voit près de son disque des feux épars : c'est que le corps de la comète, noyé dans la lumière du soleil, ne peut se distinguer ; mais sa chevelure est en dehors des rayons.

XXI.

Ainsi nos stoïciens pensent que les comètes, comme les torches, les trompettes, les poutres et les autres météores, proviennent d'un air condensé. C'est pourquoi les comètes apparaissent plus fréquemment au nord, parce que l'air stagnant y abonde. Mais pourquoi la comète marche-t-elle, au lieu de rester immobile ? Le voici. Elle est comme le feu, qui suit toujours ce qui l'alimente ; et bien qu'elle tende aux régions supérieures, le défaut de matière inflammable la fait rétrograder et descendre. Dans l'air même elle n'incline point à droite ou à gauche, car elle n'a point de route réglée, elle se porte lentement où l'attire la veine de l'élément qui la nourrit : ce n'est pas une étoile qui marche, c'est un feu qui s'alimente. Pourquoi donc ses apparitions sont-elles longues ; pourquoi né s'évapore-t-elle pas plus tôt ? En effet, six mois durant s'est montrée celle que nous avons vue sous l'heureux principat de Néron, et qui suivait sa courbe en sens inverse de celle qui parut sous Claude. Car, partie du septentrion et s'élevant vers le midi, elle gagna l'orient en s'obscurcissant toujours, davantage ; l'autre, venue du même point, avec tendance vers l'occident, tourna au midi où elle disparut. C'est que la première, nourrie d'éléments plus humides et plus propres à la combustion, les suivit toujours ; la seconde eut pour elle une région plus féconde et plus substantielle. Les comètes se dirigent donc où les attire leur aliment, et non dans une voie prescrite. Les circonstances furent différentes pour les deux que nous avons observées, puisque l'une se portait à droite, l'autre à gauche. Or le mouvement de toutes les planètes a lieu du même côté, c'est-à-dire en un sens contraire au mouvement des cieux. Les cieux roulent de l'est à l'ouest ; les planètes vont de l'ouest à l'est. Aussi ont-elles deux mouvements, celui qui leur est propre, et celui qui les emporte avec tout le ciel.

XXII.

Je ne pense pas comme nos stoïciens. Selon moi, la comète n'est pas un feu qui s'allume subitement ; c'est une des créations éternelles de la nature. D'abord tout météore, comme fils de l'air, dure peu ; car il naît dans un élément fugace et prompt à changer. Quel météore subsisterait longtemps sans se modifier, dans l'air qui ne demeure jamais le même, qui, toujours fluide, n'est que passagèrement calme ? En moins de rien il passe d'un état à un autre, ou pluvieux, ou serein, ou dans un milieu variable. Les nuages dans lesquels il se condense si habituellement pour se dissoudre ensuite, tantôt s'agglomèrent, tantôt se disséminent, jamais ne restent sans mouvement, il est impossible qu'un feu permanent siège en un corps si mobile, et y adhère avec la ténacité de ceux que la nature a faits inaltérables, en les plaçant à poste fixe. D'ailleurs, si la comète était inséparable de son aliment, elle descendrait toujours. Car l'air est d'autant plus épais qu'il est plus voisin de la terre : or, jamais les comètes ne descendent si bas et n'approchent de notre sol. Enfin, le feu va où sa nature le mène, c'est-à-dire en haut ; ou bien il se porte où l'attire la matière à laquelle il s'attache et dont il se nourrit.

XXIII.

Les feux célestes ordinaires n'ont point une route tortueuse ; il n'appartient qu'aux astres de décrire des courbes. D'anciennes comètes en ont-elles décrit ? Je l'ignore ; mais de notre temps deux l'ont fait. Ensuite tout feu qu'une cause temporaire allume s'éteint promptement. Ainsi les torches ne luisent qu'en passant ; ainsi la foudre n'a de force que pour un seul coup ; ainsi les étoiles filantes ou tombantes ne font que traverser l'air qu'elles sillonnent. Jamais feu n'a de durée, si son foyer n'est en lui-même ; je parle de ces feux divins) de ces éternels flambeaux du monde, qui sont ses membres, ses ministres [1649] . Mais ceux-ci accomplissent une tâche ; fournissent une carrière, gardent un ordre constant, sont toujours égaux à eux-mêmes. D'un jour à l'autre on les verrait croître ou décroître, si leur flamme était d'emprunt et leur cause instantanée. Cette flamme serait moindre ou plus grande, selon le plus ou le moins d'aliments qu'elle aurait. Je viens de dire qu'une flamme produite par l'altération de l'air n'a point de longue durée ; j'ajouterai même qu'elle ne peut durer et se maintenir en nulle façon. Car les torches, la foudre, les étoiles filantes, tous les feux que l'air exprime de son sein, ne peuvent, que fuir dans l'espace, et on ne les voit que tomber. La comète a sa région propre ; aussi n'en est-elle pas expulsée si vite ; elle achève son cours ; elle ne s'éteint pas, elle s'éloigne de la portée de nos yeux. Si c'était une planète, dira-t-on, elle roulerait dans le zodiaque. — Mais qui peut assigner aux astres une limite exclusive confiner et tenir à l'étroit ces êtres divins ? Ces planètes mêmes, qui seules te semblent se mouvoir, parcourent des orbites différentes les unes des autres. Pourquoi n'y aurait-il pas des astres qui suivraient des routes particulières et fort éloignées de celles des planètes ? Pourquoi quelque région du ciel serait-elle inaccessible ? Que si l'on veut absolument que toute planète touche le zodiaque, la comète peut avoir un cercle assez large pour y coïncider en quelque partie, ce qui est non pas nécessaire, mais possible.

XXIV.

Vois s'il n'est pas plus digne de la grandeur du monde céleste de le diviser en des milliers de routes diverses, que d'y vouloir un seul sentier battu et de faire du reste un morne désert. Croiras-tu que dans cette immense et magnifique architecture, parmi ces astres innombrables qui décorent et diversifient le tableau des nuits, qui ne laissent jamais l'atmosphère vide et sans action, cinq étoiles seules aient leur mouvement libre, tandis que les autres restent là, peuple immobile et stationnaire ? Si maintenant l'on me demande d'où vient qu'on n'a pas observé le cours des comètes, comme celui des cinq étoiles errantes, je répondrai qu'il est mille choses dont nous admettons l'existence, tout en ignorant leur nature. Que nous ayons une âme dont la voix souveraine tantôt nous excite, tantôt nous rappelle, tout le monde l'avoue ; mais cette âme quelle est-elle ? Quel est ce chef, ce régulateur de nous-mêmes ? Nul ne te l'expliquera, pas plus qu'il ne t'indiquera où il siège. L'un dit : « C'est un souffle ; » l'autre répond : « C'est une harmonie ; » celui-ci le nomme une force divine, une parcelle de la divinité ; celui-là l'appelle un air éminemment subtil ; cet autre, une puissance immatérielle. Il s'en trouve qui la placent dans le sang, dans la chaleur vitale. Comment verrait-elle clair dans tout le reste, cette âme qui en est encore à se chercher elle-même [1650] ?

XXV.

Pourquoi donc s'étonner que les comètes, dont le monde a si rarement le spectacle, ne soient point encore pour nous astreintes à des lois fixes, et que l'on ne connaisse si d'où viennent ni où s'arrêtent ces corps dont les retours n'ont lieu qu'à d'immenses intervalles ? Il ne s'est pas écoulé quinze siècles depuis que

> La Grèce par leur nom a compté les étoiles [1651] [1652] .

Aujourd'hui encore, que de peuples ne connaissent du ciel que son aspect, et ne savent pas pourquoi la lune s'éclipse et se couvre d'ombre ! Nous-mêmes, sur ce point, ne sommes arrivés que depuis peu à une certitude raisonnes. Un âge viendra où ce qui est mystère pour nous sera mis au jour par le temps et les études accumulées des siècles. Pour de si grandes recherches, la vie d'un homme ne suffit pas, fût-elle toute consacrée à l'inspection du ciel. Que sera-ce, quand de ce peu d'années nous faisons deux parts si inégales entre l'étude et de vils plaisirs ? Ce n'est donc que successivement et à la longue que ces phénomènes seront dévoilés. Le temps viendra où nos descendants s'étonneront que nous ayons ignoré des choses simples. Ces cinq planètes qui assiègent nos yeux, qui se présentent sur tant de points et forcent notre curiosité, nous ne connaissons que d'hier leur lever du matin et du sois, leurs stations, le moment où elles s'avancent en ligne directe, la cause qui les fait revenir sur leurs pas. Les émersions de Jupiter son coucher, sa marche rétrograde, ainsi a-t-on appelé son mouvement de retraite, ne nous sont familiers que depuis peu d'années. Il s'est trouvé des sages pour nous dire : « C'est une erreur de croire qu'il y ait des étoiles qui suspendent ou détournent leur cours. Les corps célestes ne peuvent ni s'arrêter, ni dévier : tous vont en avant, tous obéissent à une direction primitive. Leur course cessera le jour où ils cesseront d'être. L'éternelle création est douée de mouvements irrévocables ; si jamais ils font halte, c'est qu'il surviendra des obstacles que la marche égale et régulière du monde rend jusqu'ici impuissants. »

XXVI.

Pourquoi donc certains astres semblent-ils rebrousser chemin ? C'est la rencontre du soleil qui leur donne une apparence de lenteur

202

; c'est la nature de leurs orbites et des cercles disposés de telle sorte qu'à certains moments il y a illusion d'optique. Ainsi les vaisseaux, lors même qu'ils vont à pleines voiles, semblent immobiles. Il naîtra quelque jour un bomme qui démontrera dans quelle partie du ciel errent les comètes ; pourquoi elles marchent si fort à l'écart des autres planètes ; quelle est leur grandeur, leur nature. Contentons-nous de ce qui a été trouvé jusqu'ici ; que nos neveux aient aussi leur part de vérité à découvrir. Les étoiles, dit-on, ne sont pas transparentes, et la vue perce à travers les comètes. Si cela est, ce n'est point à travers le corps de la comète, dont la flamme est dense et substantielle ; c'est à travers la traînée de lumière rare et éparse en forme de chevelure, c'est dans les intervalles du feu, non à travers le feu même, que vous voyez. « Toute étoile est ronde, dit-on encore, les comètes sont allongées ; évidemment ce ne sont pas des étoiles. » Mais qui vous accordera que les comètes ont la forme allongée ? Elles ont naturellement, comme les autres astres, la forme sphérique, mais avec une plus grande extension de lumière. De même que le soleil darde ses rayons au loin et au large, et cependant présente une forme autre que celle de ses flots lumineux ; ainsi le noyau des comètes est rond, mais leur lumière nous apparaît plus longue que celle des autres étoiles.

XXVII.

« Pourquoi cela ? » dis-tu. Dis-moi d'abord toi-même pourquoi la lune reçoit une lumière si différente de celle du soleil quand c'est du soleil qu'elle la reçoit ? Pourquoi est-elle tantôt rouge, tantôt pâle ? Pourquoi devient-elle livide et sombre, quand l'aspect du soleil lui est dérobé ? Dis-moi pourquoi les étoiles ont toutes entre elles quelque différence de forme, mais surtout diffèrent avec le soleil. Comme rien n'empêche que tous ces corps soient des astres, bien que dissemblables, qui empêcherait que les comètes fussent éternelles et de même nature qu'eux, malgré la différence de leur aspect ? Car enfin, le ciel même, a le bien considérer, ne se compose-t-il pas de parties diverses ? D'où vient que le soleil est toujours ardent dans le signe du lion, d'où il dessèche et brûle la terre ; tandis que dans le Verseau il rend l'hiver plus intense et enchaîne les fleuves d'une barrière de glace ? Les deux signes pourtant sont de même espèce, quoique leurs effets et leur nature soient fort opposés. Le Bélier se lève en fort peu de temps ; la Balance est des plus tardives ; et ces deux signes n'en sont pas moins de même nature, malgré la vélocité de l'un et la lenteur de l'autre. Ne vois-tu pas combien les éléments sont opposés entre eux ? Ils sont pesants ou légers, froids ou chauds, humides ou secs. Toute l'harmonie de l'univers résulte de discordances. Tu nies que la comète soit un astre, parce que sa forme ne répond pas au type que tu t'es fait et n'est pas celle des autres. Mais considère combien l'astre qui n'achève sa révolution qu'en trente ans ressemble peu à celui qui en un an a fini la sienne. La nature ne tire pas tous ses ouvrages d'un moule uniforme ; elle est fière de sa variété même. Elle a fait tel astre plus grand, tel autre plus rapide ; celui-ci a plus de puissance ; l'action de celui-là est plus modérée ; quelques-uns, mis par elle hors de ligne, marchent isolés et avec plus d'éclat ; les autres sont relégués dans la foule. On méconnaît les ressources de la nature, si l'on croit qu'elle ne peut jamais que ce qu'elle fait habituellement. Elle ne montre pas souvent des comètes ; elle leur a assigné un lieu à part, des périodes différentes, des mouvements tout autres que ceux des planètes. Elle a voulu rehausser la grandeur de son œuvre par ces apparitions, trop belles pour qu'on les croie fortuites, soit qu'on ait égard à leur dimension, soit qu'on s'arrête à leur éclat plus ardent et plus vif que celui des autres étoiles. Leur aspect a ceci de remarquable et d'exceptionnel, qu'au lieu d'être enfermée et condensée dans un disque étroit, la comète se déploie librement et embrasse la région d'un grand nombre d'étoiles.

XXVIII.

Aristote dit que les comètes présagent des tempêtes, des vents violents, de grandes pluies. Pourquoi, en effet, ne pas croire qu'un astre puisse être un pronostic ? Ce n'est pas sans doute un signe de tempête, comme il y a signe de pluie lorsqu'une lampe

Se couvre en pétillant de noirs flocons de mousse [1653] ;

ou comme il y a indice de gros temps quand l'oiseau des mers,

Quand la foulque sautille et joue au tord des flots ;

Ou lorsque le héron, les ailes étendues,

De ses marais s'élance et se perd dans les nues [1654] .

C'est un pronostic général, comme l'est celui de l'équinoxe, qui vient changer la température en chaud ou en froid ; comme ce que les Chaldéens prédisent de la bonne ou mauvaise étoile sous laquelle on sait. Cela est si vrai, que ce n'est pas pour le moment même qu'une comète annonce les vents et la pluie, comme l'ajoute Aristote ; c'est l'année entière qu'elle rend suspecte. Évidemment donc, les pronostics de la comète ne lui viennent pas d'éléments voisins d'elle et pour un temps immédiat ; elle les tire de plus loin ; ils tiennent aux lois mystérieuses du ciel. Celle qui apparaît sous le consulat de Paterculus et de Vopiscus réalisa ce qu'en avaient prédit Aristote et Théophraste : partout régnèrent de violentée et continuelles tempêtes ; et, en Achaïe comme en Macédoine, des villes furent renversées par des tremblements de terre. La lenteur des comètes, au dire ô Aristote, prouve leur pesanteur et décèle en elles beaucoup de parties terrestres ; leur marche aussi le prouve ; car elles sont poussées presque toujours vers les pôles.

XXIX.

Ces deux arguments sont faux. Réfutons d'abord le premier. La lenteur de la marche serait une preuve de pesanteur ! Et pourquoi ? Saturne, celle de toutes les planètes qui achève le plus lentement sa carrière, est donc la plus pesante. Or, ce qui prouve sa légèreté, c'est qu'elle est plus élevée que toutes les autres. Mais, diras-tu, elle décrit un plus grand cercle ; sa vitesse n'est pas moindre, mais sa course est plus longue. Songe que j'en puis dire autant des comètes, quand même leur marche serait plus lente, ce qui est contraire à la vérité. La dernière comète a parcouru en six mois la moitié du ciel ; la précédente, en moins de temps, avait disparu. « Mais elles sont pesantes, puisqu'elles descendent. » D'abord, ce n'est point descendre que se mouvoir circulairement ; ensuite la dernière comète, partie du nord, s'est avancée par l'occident vers le midi, et c'est à force de s'élever qu'elle s'est dérobée à nos yeux. L'autre, la Claudienne, d'abord vue au septentrion, ne cessa de monter toujours plus perpendiculaire, tant qu'on ne la vit plus. Voilà, sur les comètes, tout ce que je sache d'intéressant pour moi ou pour les autres. Suis-je dans le vrai ? Les dieux le savent [1655], eux qui connaissent la vérité. Pour nous, nous ne pouvons rien que chercher à tâtons, que cheminer dans l'ombre et par conjecture, sans être sûrs de trouver juste, comme sans désespérer.

XXX.

Aristote dit excellemment : « Ne soyons jamais plus circonspects que lorsque nous parlons des dieux. » Si nous entrons dans les temples avec recueillement, si nous n'approchons d'un sacrifice que les yeux baissés, la toge ramenée sur la poitrine, avec tous les signes d'une réserve qui fait de nous comme d'autres hommes ; combien plus de retenue ne doit-on pas s'imposer quand on discute sur les astres, les planètes, la nature des dieux, pour n'avancer rien de téméraire ou d'irrévérencieux, ne pas affirmer ce qu'on ne sait point, ni mentira ce que l'on sait ! Faut-il s'étonner qu'on découvre si lentement, ce qui est si profondément caché ! Panætius et ceux qui veulent faire croire que les comètes ne sont pas des astres ordinaires, qu'elles n'en ont que la fausse apparence, ont soigneusement examiné si toutes les saisons sont également propices à ces apparitions ; si toute région du ciel est apte à les créer ; si elles peuvent se former partout où elles peuvent se porter, et autres questions qui s'évanouissent toutes, quand je prouve que les comètes ne sont pas des embrasements fortuits, mais entrent dans la constitution même du ciel, qui les montre rarement et nous cache leurs évolutions. Combien d'autres corps roulent en secret dans l'espace, et ne se lèvent jamais pour les yeux de l'homme ! Dieu, en effet, n'a pas fait toute chose pour nous. Quelle faible portion de ce vaste ensemble est accordée à nos regards ! L'arbitre, le créateur, le fondateur de ce grand tout dont il s'est fait le centre ; ce Dieu, la plus haute et la meilleure partie de son ouvrage, se dérobe lui-même à nos yeux ; il n'est visible qu'à la pensée [1656].

XXXI.

Bien d'autres puissances, voisines de l'être suprême par leur nature et leur pouvoir, nous sont inconnues, ou peut-être, merveille plus grande, échappent à nos yeux à force demies éblouir, soit que des substances si ténues deviennent imperceptibles à la vue de l'homme, soit que leur majestueuse sainteté se cache dans une retraite profonde pour gouverner leur empire, c'est-à-dire elles-mêmes, et ne laisser d'accès qu'à l'âme. Quel est cet être sans lequel rien n'existe [1657] ? Nous ne pouvons le savoir ; et nous serions surpris de ne connaître qu'imparfaitement quelques points lumineux, quand la plus importante partie de l'univers, quand Dieu nous échappe ! Que d'animaux furent pour la première fois découverts dans ce siècle ! Que d'autres, ignorés de nous, seront connus des âges suivants ! Que de conquêtes pour les temps à venir, quand notre mémoire même ne sera plus ! Que ce monde serait peu, s'il n'enfermait des choses que le monde entier doit chercher ! Il est des mystères religieux qui ne se dévoilent pas en un jour. Éleusis garde des révélations pour ceux qui la viennent revoir. La nature ne livre pas à la fois tous ses secrets. Nous nous croyons initiés, nous, encore arrêtés sur le seuil. De telles merveilles ne se découvrent pas indistinctement et à tout mortel ; elles sont reculées, elles, sont closes au plus profond du sanctuaire. Ce siècle en verra quelques-unes ; d'autres attendent ceux qui vont nous remplacer. Quand donc ces connaissances arriveront-elles à l'homme ? Les grandes découvertes sont lentes, surtout quand les efforts languissent. Il n'est qu'une chose où nous tendions de toute notre âme, sans y atteindre encore : la plus grande corruption possible. Nos vices sont encore en progrès. Le luxe trouve à se passionner pour de nouvelles folies ; la débauche invente contre elle-même de nouveaux outrages ; la vie de délices qui dissout et consume trouve à enchérir sur ses raffinements, sur ses énervements homicides. Nous n'avons pas assez fait abdication de force. Ce qui nous reste d'extérieur mâle, nous l'effaçons sous le luisant de nos corps épilés. Nous avons vaincu les femmes en toilette ; les couleurs que portent les courtisanes, que les dames romaines ont dû s'interdire, nous, Romains, nous les avons prises. On va d'une molle et languissante allure, d'un pas indécis : ce n'est plus en homme que l'on marche, c'est en femmelette. Des bagues ornent nos doigts ; chaque phalange a sa pierre précieuse. Tous les jours nous imaginons de nouveaux moyens de dégrader notre sexe ou de le travestir, ne pouvant le dépouiller : l'un livre au fer ce qui le fait, homme ; la plus vile bande du cirque devient le refuge de cet autre, loué pour mourir, armé pour l'infamie. Même ruiné, il pourra fournir à sa frénésie : il a bien choisi [1658] .

XXXII.

Tu es surpris que la science n'ait pas jusqu'ici complété son œuvre ! l'immoralité n'a « pas encore donné toute sa mesure. Elle ne fait que de naître, et tous nous loi vouons nos soins ; nos yeux, nos mains se font ses esclaves. Mais la science, quels visiteurs a-t-elle qui la croit digne de mieux que d'un coup d'œil en passant ? Et la philosophie, et toute autre étude libérale, qui s'en occupe, à moins qu'il n'y ait relâche aux théâtres, ou qu'il ne survienne un jour de pluie, de ces jours qu'on peut perdre [1659] ? Aussi les branches de la grande famille philosophique s'éteignent-elles sans rejetons. Les deux Académies, l'ancienne et la moderne, n'ont plus de pontife qui les continue. Chez qui puiser la tradition et la doctrine pyrrhonienne ? L'illustre mais impopulaire école de Pythagore n'a point trouvé de représentant [1660] . Celle des Sextius, qui la renouvelait avec une vigueur toute romaine [1661] , au milieu même de ses débuts, après un grand et premier essor, la voilà morte. Hais que de soins et d'efforts pour que le nom du moindre pantomime ne puisse périr ! Elle revit dans leurs successeurs la noble race de Pylade et de Bathylle ; pour de tels arts il y a force disciples, force maîtres. Toute maison est, dans Rome, un bruyant théâtre de danses où les deux sexes vont se trémoussant. Maris et femmes se disputent l'honneur de figurer aux côtés de ces histrions [1662] . Puis, le front usé par le masque mimique, on passe au casque du gladiateur [1663] . La philosophie, nul n'en a souci. Aussi, bien loin que l'on découvre ce qui a pu échapper aux investigations de nos pères, combien de leurs découvertes tombent dans l'oubli ! Et pourtant, ô dieux ! quand nous y vouerions toutes nos facultés ; quand notre jeunesse, tempérante, en ferait son unique étude ; les pères, le texte de leurs leçons ; les fils, l'objet de leurs travaux, à peine arriverions-nous au fond de cet abîme où dort la vérité, qu'aujourd'hui notre indolente main cherche à la surface du sol.

**FIN DE
QUESTIONS NATURELLES**